CLASSIQUES EN POCHE

*Collection
dirigée
par
Hélène Monsacré*

Dans la même collection

BASILE DE CÉSARÉE

AUX JEUNES GENS

COMMENT TIRER PROFIT
DE LA LITTÉRATURE GRECQUE

Texte établi
par
Fernand Boulenger

Introduction, traduction et notes
par
Arnaud Perrot

LES BELLES LETTRES

2012

*Le texte
est repris du volume correspondant
dans la Collection des Universités de France (C.U.F.),
toujours disponible avec apparat critique et scientifique.*

© 2012, Société d'édition Les Belles Lettres,
95 bd Raspail 75006 Paris.
www.lesbelleslettres.com

ISBN : 978-2-251-80021-9

INTRODUCTION

Un célèbre inconnu :
le *Discours aux jeunes gens* de Basile de Césarée

par
*Arnaud Perrot**

Le temps est révolu où l'on envisageait uniquement les rapports entre hellénisme et christianisme anciens en termes de conflit. On ne croit plus que l'hellénisme est mort sous les coups du christianisme, et qu'il a été ressuscité à la Renaissance par les humanistes. Contrairement à une idée reçue, les païens n'ont pas eu le monopole de l'hellénisme. Le christianisme ancien est, sous certains aspects, un hellénisme, c'est-à-dire une forme particulière de culture grecque, même s'il s'agit aussi d'une forme d'hellénisme critique : les chrétiens se sont senti le droit de sélectionner ce qu'ils estimaient recevable, compatible avec la foi, dans les productions littéraires et les modes de vie de l'hellénisme traditionnel[1]. Ouvrage célèbre et

*Ancien élève de l'École Normale Supérieure de Paris, agrégé de lettres classiques, enseigne le grec à l'Université Paris-IV Sorbonne.

1. Sur ce point, voir l'article de Gilles DORIVAL, « La mutation chrétienne des idées et des valeurs païennes », *Les Pères de l'Église au XXᵉ siècle. Histoire-Littérature-Théologie. « L'aventure des Sources chrétiennes »*, Paris, 1997, p. 275-294.

emblématique de l'âge d'or de la patristique grecque, le *Discours aux jeunes gens* de Basile de Césarée (*ca.* 329-378) est écrit dans cet esprit. On a là un texte incontournable, quoiqu'il ne soit pas totalement original, pour qui veut comprendre quelle est, au IVe siècle, la pratique chrétienne de la littérature grecque profane. Comme d'autres ouvrages qui sont aussi des témoignages de lecteurs antiques sur la manière de cultiver les lettres helléniques, notamment le *De audiendis poetis* de Plutarque et la *Lettre à Marcella* de Porphyre, le *Discours aux jeunes gens* jouit du statut à part de jalon de l'histoire de la littérature grecque.

Cet opuscule a connu une fortune considérable. Il faut cependant préciser que la célébrité de l'ouvrage repose, en partie, sur un malentendu. On a longtemps vu dans ce texte un « éloge chrétien de la culture profane », un traité sur son importance, et on a dit de lui qu'il avait « implant[é] une véritable tradition humaniste » dans la littérature chrétienne[2]. C'est en fausser la perspective. La composition de cet ouvrage ne coïncide pas avec un moment historique, qui serait celui du « sauvetage » de la littérature grecque par un chrétien lettré, peut-être au prix d'une « conversion » arrachée à l'hellénisme *in articulo mortis*. L'hellénisme n'était pas moribond, et les chrétiens n'ont pas commencé à utiliser la littérature grecque au IVe siècle. Le *Discours aux jeunes gens* doit être inséré dans une longue tradition d'usage chrétien de la littérature profane, qui remonte aux Apologistes grecs et aux théologiens alexandrins, parmi lesquels Clément et Origène, et, par-delà, au judaïsme hellénisé d'un Philon d'Alexandrie.

---

2. *Cf.* les notices de Michel SPANNEUT, *Les Pères de l'Église, IVe-VIIIe siècles*, Paris, 1990, p. 17, et de Jean SIRINELLI, *Les Enfants d'Alexandre : la littérature et la pensée grecques. 334 av. J.-C.–519 apr. J.-C.*, Paris, 1993, p. 483-484.

L'idée tenace que cet ouvrage serait un monument unique d'ouverture à l'hellénisme provient de l'usage détourné qui en a été fait, à la Renaissance, par les humanistes florentins, lesquels se trouvaient en butte à l'hostilité des autorités religieuses. L'auteur de la première version latine du texte, Leonardo Bruni (1370-1444), comptait sur l'aura d'un auteur ecclésiastique rangé par la tradition au nombre des saints et des Pères de l'Église pour soutenir l'étude des « classiques » en milieu chrétien[3]. Si le détournement dont il a été l'objet a valu à ce texte le statut de charte de l'humanisme chrétien, lui assurant une large diffusion en Europe et des lecteurs aussi célèbres qu'Æneas Sylvius, le futur pape Pie II (1405-1464), ou encore Érasme (1467-1536), cet usage est cependant loin de refléter l'esprit dans lequel l'opuscule a été composé[4].

Dans cet ouvrage fameux, la critique scientifique n'a parfois vu, pour sa part, qu'« une agréable bluette », « une causerie familière et élémentaire, où l'auteur a visiblement souhaité rester à la portée de ses jeunes lecteurs »[5]. Ce jugement est sévère. Il est aussi et surtout inexact. Il n'y a rien de simple ou d'élémentaire dans ce texte sophistiqué, qui offre un maillage complexe de citations, d'allusions et

---

3. La traduction latine de Leonardo Bruni est disponible dans l'édition de Mario NALDINI, *Basilio di Cesarea, Discorso ai Giovani, con la versione latina di Leonardo Bruni*, Florence, 1984, p. 231-248. On lira aussi Paul BOTLEY, *Latin Translation in the Renaissance. The Theory and Practice of Leonardo Bruni, Giannozzo Manetti and Desiderius Erasmus*, Cambridge, 2004, p. 5-62.

4. Sur la postérité de l'ouvrage, *cf.* Luzi SCHUCAN, *Das Nachleben von Basilius Magnus Ad Adolescentes. Ein Beitrag zur Geschichte des christlichen Humanismus*, Genève, 1973.

5. David AMAND, *Fatalisme et liberté dans l'Antiquité grecque. Recherches sur la survivance de l'argumentation morale antifataliste de Carnéade chez les philosophes grecs et les théologiens chrétiens des quatre premiers siècles*, Louvain-Paris, 1945, p. 387. On trouve le même jugement dans son ouvrage *L'Ascèse monastique de saint Basile. Essai historique*, Maredsous, 1948, p. 25.

de reprises décalées des meilleurs auteurs de la littérature grecque. Les hésitations de la critique sur de nombreux points montrent, au contraire, qu'il n'est pas aisé de faire son chemin dans cette œuvre, dont le « style simple » est à appréhender avec beaucoup de précautions, sinon de méfiance[6]. Le titre, l'identité des destinataires réels ou supposés, le genre littéraire de l'ouvrage, les circonstances et la date de sa composition sont autant de questions qui demeurent, à bon droit, controversées.

Célèbre, le *Discours aux jeunes gens* nous apparaît, malgré tout, comme un texte mal connu. Dans cette introduction, on ne cherchera pas à gommer les aspérités quand il s'en trouve, car on voudrait, plus généralement, donner une idée des difficultés à la fois documentaires et méthodologiques – dangers de l'anachronisme et du psychologisme, non-dits de l'interprétation, placage biographique, cercles vicieux, etc. – qui fragilisent parfois la lecture moderne des textes antiques.

La date

Plusieurs hypothèses de datation ont été proposées par la critique, mais aucune ne parvient véritablement à emporter la conviction.

La date de 356 (ou aux alentours) a été avancée[7]. Cette date correspond, dans la chronologie habituellement reçue

---

6. Jacques CAZEAUX, *Les Échos de la sophistique autour de Libanios ou le style « simple » dans un traité de Basile de Césarée*, Paris, 1980, p. 9-11.

7. John M. RIST, « Basil's "Neoplatonism". Its Background and Nature », *Basil of Caesarea, Christian, Humanist, Ascetic : a Sixteen-Hundredth Anniversary Symposium*, P. J. Fedwick (éd.), vol. 1, Toronto, 1981, p. 219 ; A. Martin RITTER, « Statt einer Zusammenfassung. Die

par les spécialistes, au retour d'études de l'auteur. On sait, en effet, que Basile de Césarée a suivi dans sa jeunesse la formation principalement littéraire qui était celle des élites, qu'elles soient grecques ou chrétiennes. Instruit dans les institutions de l'hellénisme, il a été l'élève des sophistes et des philosophes dans les grands centres culturels de l'Empire romain d'Orient, à Constantinople d'abord, puis à Athènes. La présence de la culture scolaire dans l'ouvrage, jusqu'à la saturation, le caractère élaboré du style trahiraient la main d'un lettré de fraîche date, un jeune sophiste, soucieux de faire étalage de son savoir acquis au loin. L'hypothèse est cependant fragile, telle qu'elle est avancée. On ne peut pas considérer que le style d'un auteur n'est que le résultat d'une influence subie. La sophistication de la langue peut correspondre à un choix esthétique « adulte ». Il peut être motivé par le genre de l'ouvrage, la tradition littéraire dans laquelle il s'inscrit, les destinataires, le but et l'effet recherchés. La datation haute tient, consciemment ou inconsciemment, à l'idée que certains critiques peuvent se faire de l'évolution intellectuelle d'un Père de l'Église : la « teneur » en culture grecque des écrits d'un auteur chrétien d'envergure est censée diminuer à mesure que s'affirme sa maturité spirituelle. La forte concentration de culture scolaire ainsi que le « manque » de citations bibliques indiqueraient, dans cette hypothèse et presque mécaniquement, une œuvre de jeunesse[8]. Mais cette déperdition linéaire en termes d'hellénisme relève du préjugé.

Theologie des Basileios im Kontext der Reichskirche ... », *ibid.*, n. 50, p. 421.

8. Jean GRIBOMONT évoque cette hypothèse, sans toutefois la retenir comme la plus probable, « Notes biographiques sur s. Basile le Grand », *ibid.*, p. 43-44.

La date de 362-363 a pu être préférée[9]. Certains critiques ont lu dans ce petit texte une réponse directe à l'édit de 362, par lequel l'empereur Julien, soumettant l'enseignement des lettres à des conditions spécifiques de moralité, contraignait les professeurs chrétiens à l'apostasie ou à la démission. L'ouvrage, dicté par les circonstances, serait une sorte de manuel de survie spirituelle en milieu hostile, permettant à de jeunes chrétiens, désormais livrés aux seuls maîtres païens, de faire le tri dans leur formation littéraire. Les jeunes gens recevraient ainsi une sorte de contrepoison à l'édit de Julien. Cette interprétation n'est ni juste ni économique. Elle n'est fondée sur aucun indice textuel. On ne trouve dans l'œuvre aucune allusion à la loi scolaire. Les hommes auxquels « il ne faut pas abandonner, une fois pour toutes, le gouvernail de l'intelligence » (I, 6) ne sont pas les maîtres, du reste, mais les autorités littéraires profanes. Cette lecture repose aussi sur deux méprises historiques. Les jeunes chrétiens et les jeunes païens fréquentaient les mêmes maîtres, et il n'a pas fallu attendre l'édit de Julien pour que le problème de l'école, liée à la tradition, aux croyances et aux classiques du monde grec, se pose aux intellectuels chrétiens[10] ; cette lecture dépend aussi beaucoup de la « légende noire » de Julien dit l'Apostat et des déformations

---

9. Ann MOFFATT, « The Occasion of St. Basil's "Address to Young Men" », *Antichthon* 6, 1972, p. 74-86.

10. Sur ce point, *cf.* Henri-Irénée MARROU, *Histoire de l'éducation dans l'Antiquité*, Paris, 1965, p. 451-471 et, en général, Werner JAEGER, *Early Christianity and Greek Paideia*, Harvard, 1961. L'article ancien de Gustave BARDY, « L'Église et l'enseignement au IVe siècle », *Revue des sciences religieuses* 14, 1934, p. 525-549 et *Revue de l'enseignement des sciences religieuses* 15, 1935, p. 1-27, peut encore rendre bien des services. Voir aussi la synthèse de Marguerite HARL, « Culture grecque et christianisme en Orient dans la deuxième moitié du IVe siècle », *Le Déchiffrement du sens. Études sur l'herméneutique chrétienne d'Origène à Grégoire de Nysse*, Paris, 1993, p. 417-431.

que les polémistes ont fait subir aux mesures scolaires de l'empereur, mais aussi à la postérité littéraire qu'ils leur ont donnée, en poursuivant leurs invectives, bien après la mort de Julien. On a d'ailleurs pu retourner cet argument : on lit parfois que Julien a connu l'opuscule de Basile et qu'il lui a répliqué, par exemple, dans sa Lettre 89[11]. Cela repose moins sur des données indiscutables – à la vérité, les points d'accord entre les deux textes sont du domaine de la morale commune – que sur le désir des critiques de voir s'affronter les héros du « parti païen » et du « parti chrétien ».

On a proposé, enfin, la date de 370 comme *terminus post quem*[12]. Le texte relèverait donc de la période de l'épiscopat, qui s'étend entre 370 et 378, date à laquelle on situe désormais la mort de Basile[13]. La datation repose cette fois sur la tonalité doctorale du discours. Les premières lignes de l'exorde sont pour beaucoup dans la datation basse : l'auteur se présente comme un homme mûr, déjà longuement exercé et éprouvé par la vie. La critique a donc

---

11. Salvatore IMPELLIZZERI, « Basilio e l'Ellenismo », *Basilio di Cesarea : La sua età, la sua opera e il basilianesimo in Sicilia*, t. 2, Messine, 1983, p. 959-977 (part. p. 973).

12. *Cf.* Erich LAMBERZ, « Zum Verständnis von Basileios' Schrift, *Ad Adolescentes* », *Zeitschrift für Kirchengeschichte* 90 (1), 1979, p. 75-95. Cette position était déjà celle d'Aimé PUECH, *Histoire de la littérature grecque chrétienne*, t. III, Paris, 1930, p. 278. Deux éditeurs récents ont retenu cette datation. *Cf.* N. G. WILSON, *Saint Basil on the Value of Greek Literature*, Londres, 1975, p. 9, et Mario NALDINI, *Basilio di Cesarea, Discorso ai Giovani*, éd. cit., p. 15-16, qui reprennent les conclusion de son article « Sulla *Oratio ad adolescentes* di Basilio Magno », *Prometheus* 4, 1978, p. 36-44.

13. Sur ce point, voir Jean-Robert POUCHET, « La date de l'élection épiscopale de saint Basile et celle de sa mort », *Revue d'Histoire ecclésiastique* 87, 1992, p. 5-33 et, en dernier lieu, Pierre MARAVAL, « Retour sur quelques dates concernant Basile de Césarée et Grégoire de Nysse », *Revue d'Histoire ecclésiastique* 99 (1), 2004, p. 153-157.

lu cet ouvrage comme le testament spirituel et pédagogique d'un évêque « aux cheveux blancs », voire la relecture d'une vie en forme d'apologie, de la part d'un homme qui, monté sur le trône métropolitain de Césarée de Cappadoce, devait se défendre d'être passé par les institutions scolaires[14]. Cette vision n'est pas sans charme, mais les éléments rassemblés n'ont pas de force de preuve absolue.

Il nous semble donc plus prudent d'opter, à titre provisoire, pour une attitude de circonspection. En effet, la présentation de soi initiale, sur laquelle repose la troisième datation, est entièrement topique. L'âge, l'expérience, les revers de fortune interviennent, comme à l'ordinaire, dans la construction d'un *ethos* d'autorité qui sied à un début de discours, et particulièrement quand il s'agit de conseil. L'exorde, très informé par la tradition littéraire, ne comporte aucune allusion à des événements historiques ou biographiques précis, singuliers, qui permettraient d'ancrer avec certitude l'ouvrage dans le temps. Qu'il nous suffise donc d'avoir présenté les différentes écoles en présence.

Les destinataires

Qui sont les destinataires de l'ouvrage ? La réponse peut paraître simple. Il semble qu'un regard sur le titre suffise : *Pros tous neous*, *Aux jeunes gens*. Il pourrait s'agir d'une lettre ouverte à la jeunesse des écoles. S'il n'est pas impossible de concevoir un double niveau de lecture, l'exorde, malgré tout, laisse entendre que l'auteur est un proche des destinataires. Mais l'identification de ces

---

14. *Cf.* Raymond VAN DAM, *Kingdom of Snow. Roman Rule and Greek Culture in Cappadocia*, Philadelphie, 2002, p. 181-182.

destinataires (ou des destinataires au premier degré) n'est pas aussi aisée qu'on pourrait le croire. Les atermoiements des commentateurs en témoignent. On s'est longuement interrogé sur la nature du « lien » (le terme employé par le texte est *oikeiotês* – οἰκειότης) entre Basile et les *paides* (παῖδες) auxquels le discours est adressé. Là encore, l'ancrage dans la carrière du Cappadocien ne va pas sans faire de difficulté.

Des élèves ?

On a fait valoir que le terme *paides* (παῖδες) constitue, dans la langue pédagogique, l'adresse traditionnelle du maître à ses élèves. On le trouve en ce sens, en effet, chez le sophiste Libanios[15]. On en a déduit, un peu rapidement, qu'il s'agissait d'un discours prononcé par Basile devant une classe d'étudiants (A. Moffatt). Selon cette hypothèse, on disposerait en l'espèce d'une pièce importante pour éclairer un aspect méconnu de la carrière de Basile : il aurait exercé la profession de rhéteur à son retour d'Athènes, avant de se convertir à la vie ascétique. Il n'est toutefois pas sans danger de prendre appui sur un seul mot pour en tirer tout un contexte, surtout quand ce mot est d'emploi courant. Le mot *paides* est en effet employé dans toute une variété de circonstances : il appartient au lexique de la famille, au vocabulaire spirituel et ecclésial. Il n'est pas d'emploi

---

15. *Cf.* Paul PETIT, *Les Étudiants de Libanius. Un professeur de Faculté et ses élèves au Bas-Empire*, Paris, 1957, p. 33-35. Le rapprochement doit à la tradition, contestée, qui fait de Basile de Césarée un étudiant du célèbre rhéteur Libanios. C'est d'ailleurs lui qu'on identifie parfois comme « l'homme habile à pénétrer la pensée du poète » auquel le *Discours aux jeunes gens* fait allusion au ch. V. Voir, par exemple, Fernand BOULENGER, *Saint Basile. Aux jeunes gens sur la manière de tirer profit des lettres helléniques*, Paris, 2002, p. 67.

strictement pédagogique. La conjecture, fragile au plan de
la méthode, se heurte de surcroît à plus d'une objection
provenant du texte lui-même. Comment expliquer, par
exemple, le fait que l'auteur se présente, dans l'exorde,
comme extérieur au milieu scolaire ? On lit, en effet : « Ne
vous étonnez pas qu'à vous qui chaque jour allez à l'école
et fréquentez l'élite des Anciens, par l'intermédiaire des
livres qu'ils ont laissés, je déclare, moi, que j'ai tiré de mon
fonds quelque chose de plus utile pour vous » (I, 5).

Des ouailles ?

On a vu dans ce texte l'œuvre d'un évêque enseignant
les jeunes gens de sa communauté, ou l'œuvre d'un moine-
évêque contraint, en raison de ses choix de vie ascétiques,
de défendre l'idéal monastique en milieu cultivé. Les
deux lectures sont mal assurées. L'idée que le moine
Basile parvenu sur le siège épiscopal ait été obligé de se
défendre de son ascétisme, en en faisant un éloge déguisé,
est difficilement acceptable[16]. Elle suppose que la situation
soit extraordinaire, ce qu'elle n'est sans doute pas.
    Elle suppose aussi de chercher dans ce texte une
invitation, voilée ou non, à une ascèse de type monastique.
Mais les éléments versés au dossier ne nous semblent pas
convaincants. On allègue les traits sous lesquels la vertu
est représentée : une route âpre (V, 3), une allégorie sale
et décharnée, promettant des jours difficiles (V, 16). Si
certains de ces traits ont été exploités dans la littérature
monastique – le P. Vincent Desprez me signale, par exemple,
la présence de la route âpre qui mène à la vertu chez le

_____

16. Sur ce point, *cf.* M. Naldini, *Discorso ai Giovani*, éd. cit., p.
12, p. 15.

Pseudo-Macaire – on peut estimer que la description de Basile ne fait que s'insérer dans une tradition éthique, viriliste et héroïque, qui commence pour nous avec Hésiode, se poursuit avec Xénophon et fait les beaux jours de la littérature stoïcienne.

Dans le chapitre où il traite de « l'ascèse monastique négative de Basile », David Amand cite et commente, comme un document « caractéristique », un long extrait de l'opuscule, qui couvre les paragraphes IX, 1- IX, 17 de notre édition[17]. Modèle de « mépris du corps », ce passage constituerait une « hautaine justification de l'ascétisme », un « énergique appel à la mortification »[18]. On reste quelque peu perplexe devant une telle interprétation. Elle cherche peut-être trop vite dans l'œuvre d'un « austère ascète » des traces nécessaires d'ascétisme militant. Cette lecture n'est pas sans intention polémique, d'autre part. L'ouvrage de D. Amand est un ouvrage qui instruit un vigoureux procès en rigorisme contre la tradition monastique, particulièrement contre l'anthropologie platonicienne et son « dualisme ontologique », auquel elle n'aurait pas résisté. On ne discutera pas ici de l'anthropologie de Basile, de ce qu'elle doit ou non au platonisme, des inflexions qu'il fait ou non subir à la doctrine de l'âme et du corps : ce n'est pas le lieu. On voudrait plutôt s'interroger sur l'horizon proposé au chapitre IX de notre opuscule : l'ascétisme, la mortification et, au bout du compte, le monachisme. En d'autres mots, la vocation du chapitre IX est-elle de fabriquer des moines ; reconnaît-on, vraiment, dans ce catalogue, « le rigorisme outré de l'ascète », la patte de « l'obsédé de l'Idéal » ?

---

17. *L'Ascèse monastique de saint Basile*, éd. cit., p. 194-199.
18. *Ibid.*, p. 199.

Il nous faut rappeler le contenu de ce chapitre, qui constitue la section la plus longue dans l'économie du texte. Elle est aussi la moins liée, en raison de son aspect de catalogue.

La question initiale : « Que devons-nous faire ? », ouvre un chapitre consacré à la morale pratique (IX, 1). Différents articles sont ensuite réunis sous un principe directeur, qui détermine un certain genre d'existence et n'a, en lui-même, rien d'original, ni même de proprement chrétien : il faut prendre soin de l'âme, et non se soucier du corps, sinon dans la mesure du nécessaire ; l'homme véritable, ce n'est pas ce qu'on voit de lui, c'est-à-dire le corps, mais l'âme (IX, 6) ; il faut se connaître soi-même et se rendre libre de passions, ne pas demeurer au pouvoir du corps. On ne peut ignorer la présence du *Phédon* et du *Premier Alcibiade* à l'arrière-plan de ce chapitre, qui, comme les autres, est très marqué par la phraséologie platonicienne.

S'ensuit toute une « casuistique », qui est en somme l'application « concrète » de ce principe à divers domaines du quotidien :

IX, 2 : la gourmandise et les mets recherchés
IX, 3-5 : la coupe de cheveux et le vêtement (unique)
IX, 7 : les spectacles
IX, 8-10 : la musique
IX, 10 : les parfums
IX, 11-14 : humanité et animalité
IX, 16-17 : la santé
IX, 18-25 : les richesses
IX, 26-29 : la réputation et l'apparence.

On n'a pas affaire à un programme destiné à une élite éprise de perfection.

Le terme « philosophie » (IX, 12) n'a pas ici le sens technique d'ascèse monastique, contrairement à ce que pensent David Amand et d'autres commentateurs. Il désigne, dans un sens courant, cette discipline de vie qui conduit à la « maîtrise de soi », à la prééminence du principe rationnel ou spirituel dans l'âme, condition de l'humanité de l'homme. Tous les préceptes de cette philosophie relèvent de la morale commune.

On a affaire à une tradition littéraire bien attestée, tant dans l'hellénisme que dans le christianisme : il s'agit du catalogue des faux biens et des faux plaisirs, auxquels il ne convient pas de prendre part.

Le chapitre IX ne fait que s'insérer dans la tradition littéraire des « moralistes » antiques. Michel Spanneut, dans l'étude qu'il consacre à la morale rationnelle et casuiste des Pères, a montré que « les développements sur la nourriture, la boisson, les habits, les parfums, les fleurs, le sommeil, les bains [...] appartiennent à la diatribe[19] ». Ce n'est donc qu'un centon de lieux communs. Pour tous les thèmes abordés, on trouve des développements parallèles au texte de Basile chez d'autres auteurs : Musonius Rufus, Épictète, Philon et Clément d'Alexandrie, pour ne citer qu'eux. En dépit du caractère sérieux et rigoureux de leur éthique, aucun d'entre eux n'a en ligne de mire la vie monastique. Clément d'Alexandrie, par exemple, propose des chapitres consacrés à la frugalité de la nourriture (*Pédagogue* II, I), à la méfiance vis-à-vis des parfums (*Pédagogue* II, VIII), de l'or et des pierres précieuses (*Pédagogue* II, XII), avertit l'homme qui aime se faire beau (*Pédagogue* III, II-III) : ce faisant, il n'a pas d'autre ambition que de présenter un manuel de savoir-vivre et de savoir-être à destination de ce philosophe et de cet

---

19. Michel SPANNEUT, *Le Stoïcisme des Pères de l'Église. De Clément de Rome à Clément d'Alexandrie*, Paris, 1957, p. 259.

homme accompli qu'est le chrétien (à la fois ordinaire et idéal), qui exprime dans sa vie, par une conduite adaptée, la nature spirituelle, rationnelle, qui est la sienne. En est-il autrement ici ? Nous ne le croyons pas.

On ne doit donc pas regarder ce passage avec le sentiment d'étrangeté et d'outrance qui est celui du critique. Le catalogue est on ne peut plus traditionnel, il n'est d'ailleurs pas spécifiquement chrétien, quoiqu'il soit, aussi, un lieu commun de la littérature chrétienne (le même catalogue ou presque se trouve chez Grégoire de Nazianze)[20].

On ne doit pas non plus y voir un texte particulièrement ascétique, à moins d'appeler ascétisme toute forme de retenue, mais ce serait fausser considérablement la perspective ; ce serait aussi oublier la dimension littéraire, presque anthologique, de ce *compendium* de morale rationnelle, de préceptes et d'*exempla*, ou, pour le dire en un mot, le travail du texte.

Point n'est donc besoin de surinterprétation. Il ne faut pas monter ce texte en série avec la collection des Ascétiques : ce serait en fausser l'enjeu.

Il reste encore à examiner l'idée que ce pourrait être l'œuvre d'un évêque dans ses responsabilités pastorales, notamment vis-à-vis des jeunes chrétiens de sa communauté, appelés à fréquenter l'école. Là encore, l'interprétation du mot *paides* joue un rôle tout particulier, comme indice de la paternité spirituelle de Basile à l'égard de ces « jeunes gens ». Mais on peut soulever une, voire deux objections : Basile, dans cet ouvrage, ne recourt à aucun moment à l'autorité ecclésiastique. Il se donne, dès l'exorde, pour un familier « par la nature », et non « selon le précepte (évangélique) » comme il peut le dire ailleurs, à propos de

---

20. P. II, 1, 1, 65-73.

la place au « second rang des pères » qui lui est conférée par son ministère[21].

Des neveux ?

La critique a tiré parti de la mention : « la nature m'a placé juste après vos parents » (I, 3), pour faire de Basile un oncle, écrivant pour des neveux – voire ses nièces – en cours d'études, ou s'apprêtant à quitter la province pour aller faire leurs études dans une grande ville[22]. On établirait ainsi l'ouvrage dans un ancrage familial et domestique. On connaît la sollicitude des Cappadociens pour les jeunes gens de leur parenté, Grégoire de Nazianze pour Nicobule junior, son petit neveu, par exemple. Cela permettrait aussi d'esquisser la destinée des sœurs de Basile qui, en dehors de Macrine, n'ont pas eu l'honneur de la postérité littéraire, sans doute parce qu'elles n'ont pas suivi la voie ascétique et ont été mariées, certaines peut-être avant le retour d'études de Basile. Basile, on le sait, a eu des nièces par l'une au moins des sœurs. Elles étaient vierges consacrées : la chose est rapportée par Gaudence de Brescia[23]. Mais il est peu probable qu'elles aient suivi une formation littéraire en dehors du cadre domestique, et les destinataires sont censés fréquenter l'école. Des neveux alors ? Peut-être, si l'on considère que c'est bien l'oncle qui vient après les parents dans l'ordre de la nature, et non un frère. Mais l'on se gardera d'en dire davantage. On a cherché à déterminer si Basile a conçu de lui-même le projet de composer l'ouvrage,

---

21. *Ep.*, 300.
22. *Cf.* N. G. WILSON, *op. cit.*, p. 7.
23. *Cf.* Pierre MARAVAL, « Encore les frères et les sœurs de Grégoire de Nysse », *Revue d'Histoire et de Philosophie religieuses* 60, 1980, p. 161-166.

ou si l'un de ses frères ou l'une de ses sœurs le lui avaient commandé : ce sont des questions sans réponse, et sans doute sans objet.

Une situation fictive ?

Jean Gribomont esquisse rapidement l'hypothèse de la « perruque », sans s'y arrêter comme à une hypothèse sérieuse[24]. On n'a pas assez exploré, nous semble-t-il, l'hypothèse qu'il puisse s'agir d'une situation fictive. La critique s'est employée à reconstruire, de façon incertaine, les conditions historiques, ecclésiales, familiales, dans lesquelles ce discours a été composé. Cette perspective, fastidieuse, toujours à court d'arguments décisifs, s'appuie de surcroît sur une biographie d'auteur qui réserve encore beaucoup de zones d'ombre et d'incertitude. On voudrait suggérer la possibilité d'une lecture différente. Il n'est pas impossible que le cadre énonciatif soit purement fictif, et serve de décor à une réflexion chrétienne sur l'usage de l'hellénisme et la pratique de l'anthologie. Le *caractère abstrait*, purement littéraire, de l'exorde et de la péroraison, le fait que l'auteur présente comme une expérience personnelle ce qui semble relever de la culture littéraire (*cf.* V, 7 et IX, 16, ainsi que l'ambiguïté du verbe *akouein* – ἀκούειν[25]), comme s'il cherchait à ranimer par un tour biographique une matière livresque, la complexité du maillage de citations et d'allusions, qui donne véritablement l'impression d'une somme et pourrait indiquer que le public visé est en réalité plus large qu'un

24. Art. cit., p. 43-44.
25. Clément d'Alexandrie, par exemple, semble l'utiliser avec le génitif, construction normale pour l'audition directe, quand il veut dire qu'il a lu un auteur, *Stromate* VI, II, 7, 6.

public de jeunes étudiants, sont des ambiguïtés de nature à jeter la suspicion, sans toutefois permettre de trancher véritablement. Sachons seulement reconnaître que cette possibilité existe.

Le genre littéraire

L'identification du genre littéraire de l'ouvrage a donné lieu à bien des hésitations. Homélie, conférence, lettre en expansion, traité, traité en forme de lettre, protreptique (M. Naldini) … Il y a de quoi être désorienté face à la diversité des genres qui ont pu être avancés, sans toujours convaincre.

Certaines de ces appellations sont des propositions de la critique, d'autres figurent déjà dans les manuscrits (homélie et protreptique). Certaines ont leurs mérites : ainsi, notre moderne appellation de « traité » indique assez bien le caractère didactique du propos, même si, par ailleurs, les critiques ont pris l'habitude d'appeler ainsi tout ouvrage didactique en prose, disputant en totalité ou en partie d'une *matière technique* (les arts, la philosophie, la théologie) et présenté, la plupart du temps, sous la forme d'un exposé *systématique*. Or cet ouvrage est singulièrement peu technique. D'autres, en revanche, ont de quoi laisser un peu perplexe. On a pu proposer, par exemple, de subsumer l'ouvrage sous le « genre des Moralia de Plutarque[26] ». On ne peut être que troublé par cet énoncé, car un tel genre n'existe pas[27] ! On sait que le corpus des

---

26. Jean GRIBOMONT, art. cit., p. 43.

27. La constitution d'un genre *ad hoc* par la critique dépend pour beaucoup de la tradition universitaire qui a vu dans le *Discours aux jeunes gens*, sinon une réécriture confessionnelle ou une imitation, du

« Moralia » de Plutarque a été constitué au XIIIᵉ siècle, de façon artificielle, par le moine érudit Maxime Planude, et qu'il réunit des ouvrages qu'on ne saurait rapporter à une même catégorie générique : dialogues, dits et anecdotes, *quaestiones*, conférences, etc.

Appellations concurrentes, interchangeables ou combinables, genre littéraire fantôme, l'affaire paraît mal engagée, complexe. Cette difficulté tient au fait que les manuscrits s'abstiennent, pour nombre d'entre eux, de toute précision en la matière. Ils n'indiquent bien souvent que les destinataires et l'objet : *pros tous neous* – πρὸς τοὺς νέους, etc.

Le dernier mot ne semble pas aller, toutefois, à la suspension du jugement. On peut trouver dans le texte des éléments pour construire une position plus solide. On ne doit pas douter qu'il s'agisse bien d'un *discours* (c'est l'appellation que nous avons privilégiée), ainsi que le suggèrent plusieurs indices, qu'on peut identifier comme des marqueurs d'oralité. En dehors des marques de 1ʳᵉ et de 2ᵉ personne, qui n'ont par elles-mêmes pas de force de preuve, on peut verser au dossier :

- les apostrophes au public : l'expression *o paides* – ὦ παῖδες (« mes enfants »), rappelle l'apostrophe *o andres* – ὦ ἄνδρες (« Messieurs »), qui est l'adresse traditionnelle de l'orateur à son public depuis l'époque classique (I, 1 et II, 1) ;

---

moins un équivalent chrétien du *De audiendis poetis* de Plutarque, dont l'auteur est censé s'inspirer. En dépit de leur commune dépendance du concept platonicien de *propaideia* (*cf. De aud. poet.*, 37 B), la méthode suivie par les deux ouvrages est cependant fort différente. Pour introduire à la philosophie, Plutarque propose de garder, mais de « convertir » les poètes en les lisant dans une optique morale, tandis que Basile propose de faire le *tri* dans la culture profane, pour qu'elle puisse introduire à la culture sacrée.

- le fait que l'auteur / orateur semble *se présenter lui-même* devant un public : *sumbouleusôn hêkô* – συμβουλεύσων ἥκω (« je suis venu vous donner les conseils », etc.) (I, 6) ;

- le fait que les destinataires soient présentés comme des « auditeurs » (*akroatôn akousai* – ἀκροατῶν ἀκοῦσαι), cf. II, 4.

On peut donc d'ores et déjà exclure le genre de la lettre, si l'on compte, en plus, l'absence d'adresse et de formules d'adieu qui caractérisent le genre épistolaire. On peut écarter le genre de l'homélie, ce que la critique a, en général, fait depuis longtemps, malgré le nombre de témoins manuscrits qui lui étendent effectivement ce titre[28]. Cette appellation ne paraît cependant pas adaptée, car il manque certains traits formels caractéristiques : le commentaire de l'Écriture, la référence au contexte ecclésial, la doxologie finale, etc.

Parmi les différentes suggestions anciennes, on a peu prêté attention à celle de *logos parainetikos* – λόγος παραινετικός (*N. A.* 1188, Bibliothèque nationale de Florence, xve s.) ou de *parainesis* – παραίνεσις (*Vaticanus Gr.* 415, Vatican, xe s.). On voudrait ici examiner cette possibilité.

Le genre rhétorique de l'exhortation ou de la parénèse (παραίνεσις) – les deux traductions sont possibles – est bien identifié dans l'Antiquité. On lit, dans l'*Argument* d'un grammairien anonyme, placé en tête de l'*À Démonicos*, exhortation transmise sous le nom d'Isocrate, que les

---

28. Un bon indice du malaise relatif à cette désignation, toujours en vigueur dans la *CPG* (n° 2867), est la place qui lui est réservée dans le volume 31 de la *Patrologie grecque* de Migne (1857) : le texte est inséré, sans numérotation, entre l'homélie XXI et l'homélie XXIII, sans le titre d'homélie non plus.

« exhortations » (*paraineseis* – παραινέσεις) sont une espèce du « genre délibératif » (*to sumbouleutikon* – τὸ συμβουλευτικόν), c'est-à-dire des discours de conseil, « d'après αἶνος *(ainos)* qui a le même sens que conseil (*sumboulê* – συμβουλή) [29]».

On lit encore, chez un Pseudo-Libanios, que « la parénèse (παραίνεσις) est un discours d'exhortation (*logos parainetikos* – λόγος παραινετικός) qui n'admet pas la contradiction (*antirrhêsis* – ἀντίρρησις) [30]».

Cette définition du genre, donnée par les rhéteurs antiques, nous permet-elle de décrire la démarche qui est celle de l'auteur dans notre ouvrage ?

Le *Discours aux jeunes gens* se présente bien comme un discours de conseil (*sumbouleusai humin* – συμβουλεῦσαι ὑμῖν [I, 1] auquel répond *humin sumbouleusô* – ὑμῖν συμβουλεύσω – dans la péroraison [X, 8]). Il doit permettre aux jeunes gens de faire un choix (*helomenois* – ἑλομένοις [I, 1]), en vue de leur profit (*sunoisen* – συνοίσεν) : cela correspond bien à ce qu'on attend du genre délibératif. L'auteur semble lui-même définir son activité comme une *parainesis : pros honper ktasthai parainesaim'an ta ephodia* – πρὸς ὅνπερ κτᾶσθαι παραινέσαιμ' ἂν τὰ ἐφόδια (X, 5).

S'il s'agit bien d'un discours d'exhortation, il semble également qu'il n'admette pas la contradiction ou le doute. Le discours se présente comme un raisonnement droit (X, 9), que les jeunes gens auront à cœur de mettre en pratique à moins d'avoir l'esprit gravement malade (X, 9) ou d'être des incapables (I, 4).

Si nous avons raison et qu'il s'agit bien d'une *parainesis*

---

29. « Argument d'un grammairien anonyme », *Isocrate. Discours*, t. I, Paris, 2003, p. 122.

30. *Genres épistolaires*, 5.

(παραίνεσις), il est intéressant de noter que, pour traiter du sort à réserver aux productions de l'hellénisme, l'auteur s'est d'emblée placé sur le terrain de la rhétorique grecque et de la *paideia*. Ce point semble confirmé par les premiers mots de l'exorde, qui sont, semble-t-il, une imitation de l'ouverture du *Contre Nééra* d'un Pseudo-Démosthène.

Tout cela signifie-t-il que le *Discours aux jeunes gens* a fait l'objet d'une performance orale, en public, ou, au moins, cela nous donne-t-il la confirmation qu'il s'agit d'une véritable conférence, même réélaborée ?

Ces indices peuvent n'être, en réalité, que les éléments qui permettent à l'auteur de *construire* une situation d'oralité fictive. Il s'agit, en effet, d'un trait de composition cher à la culture grecque, et aussi d'un moyen de faire montre de sa *paideia* en matière de rhétorique.

Cela ne signifie pas pour autant qu'on a affaire à un exercice de style pur, car cette *modalité d'exposition* n'est pas rare dans la littérature d'idées « sérieuse ». Ainsi, l'*Apologie pour les chrétiens* de Justin ou le *Discours aux Grecs* de Tatien, qui reposent sans doute sur une situation fictive, sont aussi de véritables manuels de défense à l'usage des chrétiens.

Or, il nous semble que chacun des éléments que nous avons évoqués peut être retourné dans le sens de la fiction :

- les adresses au public, par exemple, sont fréquemment utilisées dans les discours fictifs pour créer un *effet de présence* ;

- une formule comme *sumbouleusôn hêkô* (συμβουλεύσων ἥκω) – qui doit être prise dans son sens littéral, contrairement à ce que pensent N. G. Wilson et M. Naldini – figure déjà dans un discours notoirement fictif : le *Panégyrique* d'Isocrate, au chapitre 3, et son but est précisément de créer l'illusion, sans doute relative, du procès-verbal.

La destination de ce *discours* peut donc fort bien n'être que la *lecture*, ce que tendrait à nous faire croire, aussi, l'extrême élaboration et la profusion des allusions littéraires, issues des meilleurs auteurs de l'hellénisme.

La composition

La composition de l'ouvrage est claire, quoiqu'elle ait suscité quelques débats[31]. Les articulations entre les différentes sections sont très fortement marquées. D'une partie à l'autre, le sujet est récapitulé, ce qui témoigne, sans doute, d'un souci didactique. On note une construction littéraire soignée, avec des jeux d'échos et de miroir entre l'exorde et la péroraison.

Analyse

Exorde (ch. I)

Sumbouleusai humin, ha beltista einai krinô
συμβουλεῦσαι ὑμῖν, ἃ βέλτιστα εἶναι κρίνω ...

Les trois types d'hommes selon Hésiode (I, 4).

---

31. *Cf.* Anna Maria GROSSO, « Il II capitolo del *ΠΡΟΣ ΤΟΥΣ ΝΕΟΥΣ* di Basilio Magno e l'assunto generale del trattato : contraddizione stridente ? », *Quaderni del Dipartimento di filologia, linguistica e tradizione classica «Augusto Rostagni»* 13, 1999, p. 417-432.

L'utilité des connaissances profanes (ch. II-III)

« [...] que les connaissances profanes ne sont pas chose inutile (*ouk achrêston* – οὐκ ἄχρηστον) pour les âmes, voilà qui a suffisamment été dit [...] » (IV, 1).

Les *logoi* (λόγοι) profanes et les préceptes moraux (ch. IV-VI)

« Par conséquent, parmi les *logoi* (λόγοι), ceux qui contiennent les préceptes moraux (*tôn kalôn ... hupothêkas* – τῶν καλῶν [...] ὑποθήκας), nous les accueillerons dans cet esprit » (VII, 1).

Les *praxeis* (πράξεις) méritoires (ch. VII-IX)

« [...] puisque aussi des conduites vertueuses (*praxeis* – πράξεις) des Anciens ont été conservées jusqu'à nous ... » (VII, 1).

Péroraison (ch. X)

Ha kratista einai krinô, ta men nun eirêka, ta de para panta ton bion humin sumbouleusô
ἃ κράτιστα εἶναι κρίνω, τὰ μὲν νῦν εἴρηκα, τὰ δὲ παρὰ πάντα τὸν βίον ὑμῖν συμβουλεύσω ...

Les trois genres de malades (X, 9).

Le rapport d'un chrétien lettré à l'hellénisme

Il s'agit d'une question difficile. Elle exige d'examiner, à la fois, tout ce que le texte dit de son rapport à l'hellénisme, mais aussi tout ce qu'il fait de la culture grecque, sans nécessairement le dire. Le texte est en effet riche de citations, d'allusions et de réécritures, qu'on ne peut manquer de verser au dossier. La critique a souvent vu dans ce texte un document témoignant de la *christianisation* de la littérature profane, par action – annexion pure et simple, torsion herméneutique, « conversion » (S. Saïd[32]), etc. – ou par omission – oubli, conscient ou inconscient, de certains auteurs : les comiques en général (J. Sirinelli[33]), Ménandre en particulier (A. Blanchard[34]). On se doit pourtant de constater que l'attitude intellectuelle et littéraire du *Discours aux jeunes gens* à l'égard de l'hellénisme est sans doute plus complexe ou plus variée qu'on ne le dit. Elle semble, en tous les cas, se dérober à une caractérisation unique. L'étude que nous présentons ici ne prétend pas à l'exhaustivité : nous voudrions donner au lecteur un aperçu des différentes manières d'envisager la question, des pistes de lecture et quelques suggestions pour utiliser les références qui accompagnent la traduction.

L'hellénisme pour disposer au christianisme

On peut lire le *Discours aux jeunes gens* comme un document témoignant des mutations culturelles et des changements de valeurs introduits par le christianisme. Pièce importante pour l'histoire des idées, et particulièrement pour l'histoire de la culture, il permet d'identifier des éléments de rupture entre hellénisme et christianisme. Ce point a été très

---

32. Suzanne SAïD, « Permanence et transformation des "classiques". Conversions de la poésie de Plutarque à Basile le Grand », *Que reste-t-il de l'éducation classique ? Relire « le Marrou » Histoire de l'éducation dans l'Antiquité*, J.-M. Pailler et P. Payen (éd.), Toulouse, 2004, p. 227-240.

33. Jean SIRINELLI, *op. cit.*, p. 484.

34. Alain BLANCHARD, *La Comédie de Ménandre. Politique, éthique, esthétique*, Paris, 2007, n. 85, p. 20.

bien étudié par Gilles Dorival[35]. La fréquentation des œuvres de l'hellénisme n'est plus suffisante pour le chrétien : du point de vue de la *paideia* chrétienne, la *paideia* grecque n'apparaît plus que comme une *propaideia*[36], un enseignement préparatoire à la foi. Conçue comme introduction au christianisme, comme propédeutique morale et littéraire, la culture grecque subit une dévalorisation ou, du moins, un déclassement par rapport aux Écritures saintes et à la théologie chrétienne : « Aussi longtemps que l'âge nous empêche d'entendre la profondeur de leur sens, c'est sur d'autres livres qui n'en diffèrent pas complètement, comme sur des ombres ou des miroirs, que nous faisons faire à l'œil de l'âme les exercices préparatoires » (II, 2). Ce qui sépare hellénisme et christianisme, ici, c'est moins une différence de nature qu'une question de degré ou de profondeur de vue. C'est d'ailleurs à cette condition que la littérature profane peut faire l'objet d'une « récupération à un niveau inférieur ».

La fonction propédeutique accordée à la formation profane dans le cursus chrétien est figurée, dans le *Discours*, au moyen d'un riche réseau de comparaisons, qui a été bien étudié par Monique Alexandre. Elle écrit à propos du chapitre II : « Expressions et métaphores rappellent ici la montée vers la dialectique dans la *République* de Platon. Entre ces deux temps, Basile accumule les comparaisons : préparation au combat par la gestuelle et les danses, apprêt donné à une étoffe avant l'application de la couleur, initiation préalable *(protelesthentes)* avant d'écouter les enseignements sacrés et mystériques[37]. » Ces

---

35. Gilles DORIVAL, art. cit., p. 286.

36. *Cf. propaideutheis* – προπαιδευθείς (VII, 9).

37. Monique ALEXANDRE, « La culture grecque, servante de la foi : de Philon d'Alexandrie aux Pères grecs », *Les Chrétiens et l'hellénisme*, A. Perrot (éd.), Paris, 2012 (à paraître).

comparaisons ne sont pas nouvelles, ni même proprement chrétiennes. Elles servent traditionnellement à exprimer l'idée, à l'origine platonicienne, de *propaideia*, et c'est ce qui explique les points de contact, parfois mal interprétés, avec Alcinous, Plutarque ou Jamblique. Monique Alexandre montre cependant que, pour un certain nombre d'entre elles, les comparaisons du *Discours* sont proches en plusieurs points d'un réseau métaphorique déjà spécifiquement utilisé par la tradition alexandrine, juive d'abord, puis chrétienne, pour redéfinir le statut de la *paideia* grecque par rapport à la culture sacrée[38]. Monique Alexandre, toujours, remarque que la tradition alexandrine envisageait sous cet angle l'ensemble de la culture grecque, y compris la culture scientifique, l'astronomie, les mathématiques, etc., alors que le réseau métaphorique n'est appliqué ici qu'à la culture littéraire.

Les deux exemples bibliques utilisés pour démontrer la licéité des études profanes et construire l'ordre d'un cursus chrétien à deux étages respirent le même climat alexandrin. Moïse et Daniel, après avoir appris les sciences profanes, sont ensuite passés à la culture sacrée et à la théologie (III, 3-4). On peut être étonné de l'interprétation donnée de la vision du Buisson Ardent et de la présence de Daniel chez les Chaldéens. Le schéma de vie, le passage gradué du profane au sacré, la symbolique de l'étranger – les disciplines grecques sont celles du « dehors » : *exô* – ἔξω (II, 9), *exôthen* – ἔξωθεν (IV, 1 ; X, 1) et *thurathen* –

---

38. Ainsi, « l'initiation préalable » *(protelesthentes)* du *Discours aux jeunes gens* se laisse rapprocher des « rites préliminaires » *(proteleia)* des noces avec la Sagesse, qui désignent le parcours de l'*enkuklios paideia* chez Philon d'Alexandrie, *De Congressu eruditionis gratia*, 5. De la même façon, la période d'« exercices préparatoires » *(progymnazometha)* qui est imposée à l'œil de l'âme rappelle l'idée de l'*enkuklios paideia* comme *progymnasia* qui est formulée, déjà, par Clément d'Alexandrie, *Stromate* I, VI, 33, 1.

θύραθεν (III, 2) – ne sont pas propres à Basile.

Tous ces éléments sont déjà présents dans la littérature alexandrine. Origène, par exemple, est un témoin de ce type de lecture, qui remonte, au moins, à Philon d'Alexandrie.

> Οὐ γὰρ εἶδεν ἄνωθεν καὶ ἐξ ἀρχῆς καὶ τοῖς ἔξωθεν μαθήμασι πεπαιδευμένους τοὺς παρ' ἡμῖν σοφούς, Μωϋσέα μὲν « πάσῃ Αἰγυπτίων σοφίᾳ », Δανιὴλ δὲ καὶ Ἀνανίαν καὶ Ἀζαρίαν καὶ Μισαὴλ πᾶσι τοῖς Ἀσσυρίων γράμμασιν, ὥστ' αὐτοὺς εὑρεθῆναι πάντων τῶν ἐκεῖ σοφῶν δεκαπλασίους. Καὶ νῦν δὲ αἱ ἐκκλησίαι ἔχουσι μὲν ἀνάλογον τοῖς πλήθεσιν ὀλίγους σοφοὺς προσελθόντας καὶ ἀπὸ τῆς καλουμένης παρ' ἡμῖν « κατὰ σάρκα » σοφίας, ἔχουσι δὲ καὶ τοὺς διαβεβηκότας ἀπ' ἐκείνης ἐπὶ τὴν θείαν σοφίαν.

C'est qu'il a ignoré que dès les tout premiers temps nos sages ont été élevés dans les sciences étrangères : Moïse, « dans toute la sagesse égyptienne » ; Daniel, Ananias, Azarias et Misaël, dans toute la littérature assyrienne, au point d'être trouvés dix fois supérieurs à tous les sages de là-bas. Aujourd'hui encore, les églises possèdent, bien qu'en petit nombre par rapport à la multitude, des sages qui sont venus même de la sagesse que nous appelons « selon la chair » et elles possèdent aussi ceux qui ont progressé de celle-ci à la sagesse divine.

Origène, *Contre Celse*, VI, 14 (trad. M. Borret).

Les métaphores employées et les exemples bibliques exploités témoignent de l'enracinement manifeste du *Discours aux jeunes gens* dans la tradition alexandrine. Présenté comme un monument unique d'ouverture à l'hellénisme, on le découvre dépendant d'une tradition chrétienne qui prend ses racines dans le judaïsme alexandrin, où la culture profane fait figure de servante de la foi. On peut se demander si le chapitre sur l'utilité des études profanes correspond à autre chose qu'à un argument de pure forme, à un trait d'apologie hérité de Clément d'Alexandrie, ou s'il est motivé par la présence d'un milieu rigoriste, où séviraient des partisans de la « foi nue ». Parmi eux, on range, d'ailleurs trop mécaniquement et trop souvent, les moines. Ce peut être tout simplement une précaution d'ordre général. Il est, en tous les cas, impossible de se prononcer avec certitude, tant le *Discours aux jeunes gens* se révèle avare d'informations sur les circonstances de sa composition. Dans quelle mesure le cursus présenté constituait-t-il la formation effective des chrétiens ? On aurait tort, sans doute, de considérer qu'il s'agit du cas général, mais tort aussi de ne voir là qu'une construction idéale. Pour les membres de l'élite sociale, comme Basile de Césarée ou Grégoire de Nazianze, cet itinéraire intellectuel correspond bien à une réalité.

La réception sélective de la littérature

Comparaisons et métaphores figurent la distance critique que le *Discours aux jeunes gens* marque, sans doute plus fortement encore que la tradition alexandrine, à l'égard des productions de l'hellénisme. Tout d'abord l'image, d'origine (pseudo-)platonicienne, du navire de l'âme : « Il ne faut pas abandonner à ces hommes, une fois pour toutes, le gouvernail de votre intelligence, comme celui d'un navire, ni les suivre quel que soit l'endroit où ils veulent vous conduire, mais il ne faut recevoir que ce qu'ils ont d'utile (*chrêsimon* – χρήσιμον) et savoir ce qu'il faut laisser de côté aussi » (I, 6).

Basile remploie des considérations de Platon sur la poésie et la rhétorique (ch. IV). Est utile ce qui porte à la vertu, sont nuisibles les représentations des passions, les récits séducteurs et les mensonges des orateurs. La littérature, en effet, n'est pas seulement imitation, mais objet d'imitation. Ce sont donc tous ces éléments qui devront être laissés de côté par le lecteur chrétien. Il ne devra pas se laisser distraire par eux, s'il veut parvenir au but de la vertu. Comme l'a montré Marguerite Harl, c'est déjà un thème platonicien que d'affirmer qu'il vaut mieux un seul et même *skopos* (σκοπός) pour ce qu'on est appelé à faire (*République* VII, 519 c), et que lorsqu'il s'agit d'assurer le salut, tout homme sensé regarde dans la direction d'un seul *skopos* : ainsi le pilote, le général, le médecin et le *politikos* (*Lois* XII 961-963)[39].

La dimension critique et utilitariste/finaliste se traduit donc par l'encouragement d'une pratique sélective de la littérature profane, symbolisée par des comparaisons d'école. Aux anti-modèles que sont le torrent qui engloutit tout (VIII, 2), et « ceux qui prennent poison avec le miel », allusion aux compagnons d'Ulysse victimes de Circé (IV, 3), s'opposent l'abeille butinant de façon sélective, modèle d'un éclectisme éclairé et fécond (IV, 8-9), la rose à cueillir sans les épines (IV, 9), la nourriture que l'on choisit (VIII, 2), qui sont, traditionnellement, des images de la pratique anthologique et, dirions-nous, de la bonne pratique intellectuelle, telle qu'elle est régulièrement figurée chez les auteurs de la *paideia*[40]. On n'a pas affaire à l'émergence d'une société de contrôle.

---

39. Marguerite HARL, « Le guetteur et la cible : les deux sens de σκοπός dans la langue religieuse des chrétiens », *REG* 74 (1961), p. 450-468.

40. *Cf.* Plutarque, *De aud. poet.*, 32 E, *Comment écouter*, 41 F ; Clément d'Alexandrie, *Stromate* VI, I, 1, 2, 1. *Cf.* Grégoire de Nazianze, *Or.*, 43, 13 : l'image est employée à propos de la *paideusis* que Basile s'en va chercher à Césarée de Cappadoce, comparable en cela à l'abeille qui récolte le meilleur sur chaque fleur.

Basile ne dresse pas une « liste d'auteurs », comme on peut le lire parfois[41], au contraire, il « faut fréquenter et les poètes, et les prosateurs, et les orateurs, et tout homme dont on pourra tirer une aide pour le soin de l'âme » (II, 9). On a là un exemple, parmi d'autres, d'un modèle de lecture à la fois extensive et sélective, en fonction des intérêts philosophiques et des vertus que l'on cherche à cultiver. Car la pratique anthologique fait partie, comme on le voit, de ce que Michel Foucault a appelé la « culture de soi ».

L'oubli ?

On a pu considérer que l'opuscule témoignait d'une forme d'oubli de la culture grecque. On trouverait, ici et là, des signes du passage d'un monde à l'autre – car l'hellénisme subsisterait sous une forme déjà un peu décadente. L'indice en serait, par exemple, des citations poétiques imprécises et peu respectueuses des mètres. On attribue ce phénomène au souvenir approximatif de l'auteur, à la pratique de la citation de seconde main, à une époque incapable de percevoir le rythme de la poésie classique, ou à l'intérêt du moraliste austère qui privilégie systématiquement le fond sur la forme. Sans prétendre trancher la question, notamment celle de la dépendance directe ou indirecte d'une source ou d'une autre, rappelons qu'il s'agit d'un point difficile, car la manière antique de « citer les vers » en prose est couramment libre, et cela ne date pas de l'époque tardive. Il n'est que de songer à Platon dont la prose est riche d'adaptations des poètes. Nos

---

41. Polymnia ATHANASSIADI, *Vers la pensée unique. La montée de l'intolérance dans l'Antiquité tardive*, Paris, 2010, p. 115.

éditions modernes, avec leurs distinctions typographiques, nous disposent à imaginer que la citation était, pour le lecteur antique, comme elle l'est pour le lecteur moderne, nécessairement isolée et exacte, fidèle à « l'original ». Il n'est pas rare, cependant, de trouver les citations anciennes sous une forme adaptée, coulées dans le fil et dans le style du texte. Parfois, ce sont les éditeurs qui signalent typographiquement une citation « exacte » où l'on ne trouve en grec qu'une citation en substance, une paraphrase : c'est le cas, par exemple, de Fernand Boulenger, qui isole dans sa traduction le premier mouvement de la paraphrase d'Hésiode, *Les Travaux et les Jours*, v. 286-292 (= notre V, 3-4) et rend ainsi illisible le travail de reformulation[42]. On ne prendra ici qu'un exemple, le mot célèbre d'Euripide : « La langue a juré, mais le cœur n'a pas juré », cité par Basile au ch. VI, 6. Par rapport à ce que les commentateurs modernes regardent comme le vers « d'origine », un certain nombre de transformations sont évidentes. Le mot *glôss'* (γλῶσσ') est remplacé par la forme *glôtta* (γλῶττα). La forme élidée *omômoch'* (ὀμώμοχ') est remplacée par *omômoken* (ὀμώμοκεν)[43] ; une particule *men* (μέν) a également été introduite, en écho à la particule *de* (δέ) du vers d'origine. On est passé du vers (trimètre iambique) à la prose. Oubli de la métrique ? Gauchissement prosaïque ? Ou plutôt emprunt à la mémoire collective ? L'auteur est loin d'être le premier, en tous les cas, à présenter de ce vers fort célèbre une forme adaptée en prose. On le trouve déjà attesté sous une forme prosaïque dans le *Contre Celse* d'Origène (VIII, 44), où il est l'objet d'un remarquable travail de récriture et d'enchâssement, dans un tout autre

---

42. *Op. cit.*, p. 47.
43. Même chose chez Justin, *Apologie* I, 39.

contexte. On dira qu'il s'agit, là encore, d'un auteur tardif. On peut tout aussi bien se reporter à la littérature classique. On trouve déjà du mot d'Euripide une version prosaïque, plus répétitive, dans le *Théétète* de Platon (154 d). Pourtant, nul ne songerait à voir en Platon le fossoyeur de la littérature grecque. Plus qu'à une réflexion sur la fin de la culture antique, c'est donc, nous semble-t-il, à une réflexion plus générale, plus prudente aussi, sur la citation, la transmission scolaire et la vie des mots célèbres, que ces observations devraient nous inviter.

On a aussi parlé de l'oubli d'épisodes fameux de la littérature grecque. Il est vrai qu'on trouve, dans le *Discours aux jeunes gens*, le résumé inattendu d'un épisode, pourtant fort connu, de la littérature. Alors que le chant XII de l'*Odyssée* raconte qu'Ulysse est le seul à entendre le chant des Sirènes, et que, pour ce faire, il a pris la précaution de se faire attacher au mât de son navire, dans la version donnée dans l'opuscule (IV, 2), c'est Ulysse lui-même qui s'est bouché les oreilles pour échapper à l'attraction irrésistible de leur chant. On a parlé de réminiscence fautive, mais il est difficile de croire qu'un épisode aussi célèbre puisse être inconnu d'un auteur doté, à ce qu'il semble, d'une solide *paideia*.

On doit donc faire preuve d'une certaine prudence, avant d'invoquer une « bourde » (S. Saïd), d'autant que d'autres auteurs, postérieurs et chrétiens, il est vrai, proposent la même lecture : Jérôme, Paulin de Nole et Sidoine Apollinaire[44]. Jérôme a pu lire le *Discours aux jeunes gens*, et s'en inspirer. Mais Basile et Jérôme peuvent tout aussi bien être les témoins d'une même tradition de

---

44. Jérôme, *in Hierem.*, 3, 11 ; Paulin de Nole, *Ep.*, 16, 7 ; Sidoine Apollinaire, *Ep.*, IX, 6.

réécriture de l'*Odyssée*. Il nous semble qu'on peut lire, d'ailleurs, dans cette adaptation, l'influence du *Banquet* de Platon (216 a 6) : « usant donc de violence, comme pour fuir les sirènes, en me bouchant les oreilles, dit Alcibiade, je me suis dérobé par la fuite, pour ne pas rester là, passif, à vieillir aux côtés de cet homme (*sc.* Socrate) ».

Il n'est pas aisé d'établir si, oui ou non, le *Discours aux jeunes gens* est le premier à avoir projeté en retour le texte du *Banquet* inspiré par *Odyssée* XII sur le texte d'*Odyssée* XII. Il existe toute une tradition littéraire de réécriture de cet épisode. Il présente, en tous les cas, la première attestation de cette adaptation, qui a été d'une grande fécondité[45].

La philosophie

Le *Discours aux jeunes gens* recommande particulièrement la lecture des philosophes, pour le profit moral qu'on peut en tirer (cf. V, 1). C'est donc tout naturellement du côté de la littérature philosophique qu'on a cherché à identifier les sources de l'opuscule. Trois cas sont principalement à étudier : Platon, Plutarque et les néoplatoniciens.

1) *Platon*. La critique a fort justement insisté sur la place accordée à Platon. Son nom est cité trois fois dans l'ouvrage (VI, 7 et IX, 12, 16). En dehors des exemples grecs[46], dont il n'est pas aisé d'identifier la provenance (on

---

45. *Cf.* Morris P. TILLEY, « A Variant of Homer's Story of Ulysses and the Sirens », *Classical Philology* 21 (2), 1926, p. 162-164, et surtout Harry VREDEVELD, « Deaf as Ulysses to the Siren's Song : The Story of a Forgotten Topos », *Renaissance Quarterly* 54 (3), 2001, p. 846-882.

46. On doit observer la plus grande prudence dans le maniement des exemples grecs, particulièrement si l'on veut évaluer le degré de

a des parallèles pour un certain nombre d'entre eux ; les
praxeis – πράξεις – de Pythagore ou de Bias, sont, à notre
connaissance, sans équivalent), il est possible d'affirmer,
sans craindre de trop se tromper, que c'est Platon qui joue
le rôle de *préparateur moral* au christianisme (cf. IX, 12
où Platon introduit à Paul). Le platonisme du *Discours aux
jeunes gens* ne donne pas l'impression d'être technique
mais plutôt littéraire – tours idiomatiques, réécriture de
sections, remploi d'images et de comparaisons – et, surtout,
commandé par des préoccupations éthiques. Le *Discours
aux jeunes gens* présente un ensemble assez scolaire de
propositions, qui forment ce qu'on pourrait appeler un
digest de la morale de Platon et n'a, en lui-même, rien
d'original : supériorité de l'âme sur le corps (II, 6), nécessité
de se libérer des passions et de l'esclavage du corps (IX,
1-2), la justice préférable à l'apparence de justice (VI,
7), le *connais-toi toi-même* (IX, 6), être en accord avec
soi-même, préférer subir l'injustice que la commettre
(IX, 27), etc.

   2) *Plutarque*. Le cas de Plutarque est plus difficile.
Son nom ne figure nulle part dans l'ouvrage. Tout au plus
a-t-on cru repérer une allusion à sa manière de comprendre
les poètes, mais la référence est loin d'être transparente,
et elle a d'ailleurs été interprétée dans des sens différents.
Pourtant la tradition universitaire a très souvent nourri
la comparaison entre le *Discours aux jeunes gens* et
l'œuvre du philosophe de Chéronée. On a souvent parlé
d'influence, voire de dépendance. On trouve, il est vrai,
des parallèles entre l'œuvre de Plutarque et le *Discours
aux jeunes gens*. Mais les contacts précis, eux, sont assez

_____

« torsion » qu'ils ont subi, dans la mesure où l'on ignore la variété
des formes sous lesquelles tous ces exemples moraux circulaient et les
intermédiaires par lesquels ils sont passés.

rares et difficilement exploitables. On doit examiner trois types de concordances : les comparaisons, les anecdotes et les citations.

On relève des *comparaisons* semblables, particulièrement deux d'entre elles : l'aptitude des abeilles à tirer des fleurs autre chose que le parfum et la couleur (IV, 8), qui rappelle le *De Profectu in virtute* de Plutarque, 79 C-D ; la comparaison finale avec les trois genres de malades (X, 9), qui rappelle une image du même *De Profectu*, 81 F. Mais il n'est pas aisé de trancher et de dire si on a affaire, dans le cas d'une figure de rhétorique, à un emprunt ou à une image commune, scolaire, sophistique. L'anecdote concernant la conduite vertueuse de Périclès (VII, 2-3) témoigne de contacts verbaux avec la *Vie de Périclès* de Plutarque, mais il s'agit d'un *unicum* : pour le reste des *praxeis*, l'œuvre de Plutarque n'offre que des parallèles plus ou moins lointains, avec des différences irréductibles. Quant aux citations communes, car il y en a un certain nombre, elles n'ont pas véritablement force de preuve : elles peuvent tout aussi bien témoigner de l'enracinement dans une même culture scolaire, littéraire, etc. Le rapprochement avec Plutarque nous semble donc témoigner de l'enracinement du *Discours aux jeunes gens* dans la meilleure pratique lettrée de l'hellénisme, plutôt que d'une dépendance directe de Plutarque, qui demeure incertaine, en raison de la nature des points de contact eux-mêmes.

3) *Néoplatonisme*. Certains passages ont pu donner l'impression que l'auteur empruntait au *néoplatonisme*, aux écrits de Plotin, de Porphyre et de Jamblique. Cela dit, les emprunts sont loin d'être caractérisés, et il y a tout lieu de croire que ces auteurs puisent, là encore, à un fonds commun d'exemples et d'anecdotes, quand le

parallèle peut être établi, ce qui n'est pas toujours le cas[47]. On pense notamment à l'apothéose d'Héraclès (V, 16), dans laquelle la critique a vu une allusion à l'*homoiôsis theôi* (ὁμοίωσις θεῷ) telle qu'elle est comprise dans la philosophie de Plotin, alors même que la notion, si elle se trouve en arrière-plan de l'épisode, ce qui n'est pas sûr, est loin d'être spécifiquement plotinienne. D'autres contacts sont plus probants. L'exemple de Platon, retiré dans la région malsaine de l'Académie, est utilisé par le *Discours aux jeunes gens* pour illustrer le principe selon lequel la trop grande santé du corps est nuisible à l'âme, raison pour laquelle il convient d'en retrancher le surplus (IX, 16). On trouve le même exemple, exploité en un sens différent, dans le *De abstinentia* de Porphyre (I, 36) : Platon est le modèle du philosophe qui se retire autant qu'il peut du sensible, pour vivre selon l'Intellect. Rien n'indique spécialement la dépendance entre les deux auteurs. L'exemple de Clinias, disciple de Pythagore qui refusait de jurer, a pu laisser croire que Basile empruntait à la *Vie de Pythagore* de Jamblique, qui contient la même anecdote (XXVIII, 244)[48]. Le texte de Basile contient cependant plus d'informations que celui de Jamblique, qui lui est certes antérieur, mais qui ne donne pas, par exemple, le nom du personnage. On pourrait également citer la comparaison rhétorique avec l'art du teinturier, qui rappelle un autre passage de la *Vie de Pythagore* (XVII, 76), mais relève d'une même culture scolaire. On doit donc conclure sur ce chapitre que les néoplatoniciens et l'auteur du *Discours aux jeunes gens* partagent un même

---

47. Nous faisons nôtre la perspective adoptée, sur ce point, par John M. Rɪsᴛ, « Basil's "Neoplatonism" : Its Background and Nature », *loc. cit.*, p. 137-220.

48. *Cf.* N. G. Wɪʟsᴏɴ, *op. cit.*, p. 59.

corpus d'exemples, d'ailleurs susceptibles d'être utilisés dans des contextes différents, mais il ne semble pas qu'on puisse parler d'emprunt. Les contacts avec la philosophie néoplatonicienne, qui sont du reste peu techniques et de l'ordre des *praxeis*, confirment davantage les ambitions littéraires de l'auteur, sa démonstration de *paideia*, plutôt que sa dépendance vis-à-vis des auteurs qui nous sont conservés.

Paideia et christianisation

On oublie trop souvent que le *Discours aux jeunes gens* est un texte littéraire, « à lire avec beaucoup de vigilance [49] ». On a affaire à un ouvrage riche en lieux communs littéraires et philosophiques – l'Apologue de Prodicos étant le plus célèbre d'entre eux –, en figures d'école[50], jeux rhétoriques[51],

---

49. Michel CASEVITZ, « Basile, le grec et les Grecs. Réflexions linguistiques », *Vigiliae Christianae* 35, 1981, p. 315-320.

50. On relève, tout au long du *Discours*, un nombre très important de comparaisons d'école, dont il serait sans doute vain de vouloir identifier la source. On sait que la comparaison avec le torrent (cf. VIII, 2) est topique : *cf.* Isocrate, *Sur l'échange*, 172, Ps.-Plutarque, *De lib. educ.*, 5 F, etc. Pour la comparaison avec le fleuve qui bénéficie des apports de ses affluents (X, 1), *cf.* Clément d'Alexandrie, *Stromate* I, V, 29, 1.

51. Michel CASEVITZ, art. cit., p. 319-320, a depuis longtemps attiré l'attention sur III, 2. On a des raisons de croire que ce morceau, qui relève du reste de la comparaison d'école (*cf.* Plutarque, *De aud. poet.*, 28 D-E), constitue un véritable exercice de virtuosité littéraire. M. Casevitz relève au moins deux éléments remarquables. Tout d'abord, un jeu de mots de « bon élève » sur *opsin* – ὄψιν (« spectacle ») et *aôron* – ἄωρον (« hors de saison »), qualificatif gratuit, sinon qu'il rappelle *horaô* – ὁράω (« voir »). Mieux encore, le paragraphe témoignerait d'une « discrète malice » : le verbe rare *periseiô* – περισείω, pour décrire le mouvement des feuilles qui tremblent autour des branches, ne serait pas innocent, mais constituerait un clin d'œil un peu décalé à l'*Iliade* (XIX, 382 ; XXII, 315), où le verbe est utilisé pour décrire le mouvement du panache d'Achille.

citations et mots célèbres – les points de contact avec
l'œuvre d'un Plutarque, par exemple, témoignent de leur
caractère scolaire et répandu –, réécritures ou paraphrases
de morceaux choisis de la littérature grecque (par exemple
Hésiode), expressions rares et recherchées[52]. Le *Discours
aux jeunes gens*, étudié pour ce qu'il dit des mutations
culturelles introduites par le christianisme, constitue aussi
un témoignage remarquable sur la *paideia* d'un grand
écrivain grec. On peut toutefois se demander si l'auteur
lui imprime une marque confessionnelle particulière. Les
critiques ont souvent cherché à identifier des adaptations
chrétiennes de la littérature grecque, des phénomènes de
réécritures confessionnelles. On constate, en réalité, peu
de christianisations manifestes.

Peut-être doit-on compter au nombre des neutralisations
discrètes le commentaire qui est adjoint au mot de Théognis
sur les revers de fortune, « le dieu, quel que soit le dieu dont
il parle » (V, 12). On constate que le nom de Zeus a disparu,
ce qui rend le mot du poète directement acceptable.

Plus remarquable peut-être, ce qui semble être la
réécriture sinon d'un passage d'Ælius Aristide, du moins
d'un lieu commun de l'hellénisme sur la longévité
légendaire. On aura à cœur de comparer le chapitre X, 4
et l'*Éloge funèbre d'Étonnée* d'Ælius Aristide.

---

52. Dans l'Apologue de Prodicos, l'expression imagée *hupo
truphês diarrein* – ὑπὸ τρυφῆς διαρρεῖν (V, 15) apparaît comme une
image d'origine sophistique, auparavant attestée chez des auteurs à
forte culture scolaire, p. ex. Plutarque, *Agésilas*, 14, 2, et Alciphron,
Lettres II, VIII, 3. On la retrouve chez Basile, dans l'*Homélie contre les
riches*, 8. L' « essaim de plaisirs » (*hesmon hêdonês* – ἑσμὸν ἡδονῆς)
mené par Mauvaiseté (V, 15) rappelle des expressions platoniciennes,
liées au caractère tyrannique (*République* IX, 573 a et 574 d). Cette
expression imagée pourrait être une manière de plaquer sur le Vice un
certain nombre des traits du tyran platonicien. Cette hypothèse de lecture a été soutenue par M. CASEVITZ, art. cit., p. 319.

βίος δὲ πᾶς ἀνθρώπου βραχὺς καὶ οὐ πολλοῦ
τινος ἄξιος εἰς ἀριθμοῦ λόγον, ἀλλ' ἐάν τε
Ἀργανθώνιον ἐάν τε Τιθωνὸν λέγῃ τις ἐάν τε
τὸν τὰς τρεῖς γενεὰς διαρκέσαντα Νέστορα τὸν
Πύλιον, πάντας τούτους τοὺς χρόνους συνθεὶς
εὑρήσεις ἔλαττον μέρος ὄντας τοῦ παντὸς αἰῶνος
ἢ ὅσον εἰπεῖν.

Toute vie d'homme est brève et ne vaut pas grand-
chose si l'on considère sa durée. Mais, même si l'on
prend en compte les vies d'Arganthonios, de Tithonos,
et de celui qui a vécu trois générations, Nestor de Pylos,
en additionnant toutes ces années, on trouvera qu'elles
constituent une part trop infime de la totalité du temps
pour être exprimée.
Ælius Aristide, *Or.*, 31, 17.

On relève un certain nombre de ressemblances, y
compris dans l'ordre et dans la présentation de la liste
(Arganthonios, Tithonos, et un troisième nom), le nom
du troisième personnage étant, dans l'un et l'autre cas,
précédé d'une périphrase. Le thème du temps à mesurer
ou à additionner est commun aux deux textes. Sur ce point,
le texte d'Ælius Aristide n'est pas sans points de contact,
d'ailleurs, avec le chapitre II, 5. On note cependant la
discrète adaptation chrétienne dans la liste : Nestor est
remplacé par Mathusalem, comme modèle de longévité
légendaire. Réécriture d'un texte ou adaptation d'un lieu
commun ? On a là, à nos yeux, un cas d'introduction
d'un marqueur confessionnel dans un motif grec. Cela
dit, le fait que le *Discours aux jeunes gens* rencontre la
littérature sophistique, n'est pas sans faire signe, là encore,
des ambitions littéraires que notre auteur nourrit dans
l'hellénisme.

Conversions ambiguës

Il est des cas où l'on a vu des réécritures *proprement* chrétiennes, là où il n'en est pas. On aurait tort de croire que la *modification* de la littérature profane, en fonction des *intérêts chrétiens*, constitue le régime général et mécanique du discours. Ainsi, l'interprétation donnée par le *Discours aux jeunes gens* de la rencontre d'Ulysse avec Nausicaa (ch. V, 7) a pu faire croire au détournement d'un épisode, quelque peu licencieux à l'origine, mais *mis au service* de la morale chrétienne par le biais d'un *artifice* herméneutique. Le texte, en effet, superpose la nudité d'Ulysse et la nudité des épouses des gardiens se rendant aux exercices, qui, au livre V de la *République* de Platon, « porteront la vertu en guise de vêtement » (*aretên anti himatiôn amphiesontai* – ἀρετὴν ἀντὶ ἱματίων ἀμφιέσονται, 457 a 6). On a là une interprétation morale ou moralisante d'Homère, mais est-on bien sûr qu'il s'agisse aussi d'une illustration de « l'art de mentir » que certains critiques prêtent, en l'espèce, au chrétien Basile [53] ? On doit répondre que non. Le rhéteur et philosophe contemporain, Thémistios, qui était païen, interprète exactement de la même façon la nudité d'Ulysse :

> Οὔκουν οὐδὲ διὰ τῆς ἑτέρας ποιήσεως καὶ
> θατέρου τοῖν φιλοσόφοιν οὕτω τεταγμένου καὶ
> καρτερῶς ἀμυνομένου τὴν τύχην ἄλλο τι ἐμοὶ
> δοκεῖ λέγειν ὁ ποιητὴς ἢ ὅτι φρόνησις καὶ ἡ
> ξύμπασα ἀρετὴ ἄμαχός τέ ἐστι πρὸς ἅπαντα καὶ
> ἀήττητος, καὶ ὁ ταύτην ἰσχυρῶς περιβεβλημένος

---

53. *Cf.* Ernest L. FORTIN, « Christianity and Hellenism in Basil the Great's *Address Ad Adulescentes* », *The Birth of Philosophic Christianity : Studies in Early Christian and Medieval Thought*, J. Brian Benestad (éd.), Lanham, 1996, p. 137-151.

βαδίζει, φησίν, οὐκ ἀγεννὲς οὐδὲ κάτω βλέπων,
ἀλλ’ ὡς ἐκεῖνος ἐβάδιζε πρὸς τὴν Ναυσικάαν,
ἡνίκα γυμνὸς καὶ μόνος διαφυγὼν τὸ κλυδώνιον,
ὅμως, ἐπειδήπερ ἀρετὴν ἀντὶ ἱματίων ἠμφίεστο,
ἀπῄει πρὸς τὴν θυγατέρα τοῦ βασιλέως, οὐ
πτωχῷ, φησίν, ἐναλίγκιος οὐδὲ ἱκέτου ἐν σχήματι
κατεπτηχότος, ἀλλά τινα ἐξεῦρεν εἰκόνα, οἵα τῆς
ἀρετῆς εἰκονογράφος·
ἤϊεν ὥστε λέων ὀρεσίτροφος ἀλκὶ πεποιθώς.

De même, dans l’autre poème, quand il représente
cet autre qui était dans les mêmes dispositions que les
deux philosophes et qui résistait avec force aux coups
du sort, le poète (*sc.* Homère) ne veut rien dire d’autre,
à mon avis, que ceci : la sagesse et la vertu dans son
ensemble sont totalement invincibles et imbattables.
Celui qui s’est fait de celle-ci une cuirasse s’avance non
pas comme un homme vil et le regard baissé, mais de
la même façon que celui-là (*sc.* Ulysse) s’avançait vers
Nausicaa : alors qu’il était rescapé des flots nu et seul,
dit-il, malgré cela, puisqu’il portait la vertu en guise de
vêtement, il allait vers la fille du roi, non pas comme
un mendiant, ni courbé dans une posture de suppliant –
non, le poète a trouvé une image, susceptible de peindre
la vertu :
    « Il allait comme un lion nourri sur les monts,
confiant en sa force » (*Od.*, VI, 130).
    Thémistios, *Aux habitants de Nicomédie, exhor-
tation à la philosophie*, 309 a-b.

On est frappé par la ressemblance entre les deux
passages. L’un des deux auteurs peut-il être la source de
l’autre ? Thémistios pourrait-il être cet « homme habile
à pénétrer la pensée du poète » évoqué par Basile (V, 7 et
9) ? Cette question ne nous semble pas aisée à résoudre,
et non pas seulement à cause des nombreux problèmes
de datation. Le contact peut tout aussi bien s’expliquer
par une source littéraire commune, ou par la dépendance

vis-à-vis d'une même tradition scolaire de lecture, qui pouvait être fort répandue. Il nous paraît à la fois plus prudent et plus productif de noter que l'interprétation ici proposée de la nudité d'Ulysse convenait tout autant à la philosophie morale des Grecs qu'à celle des chrétiens. Pour le dire en un mot, cette interprétation, qui ne joue pas le rôle de marqueur confessionnel, était susceptible, comme on le voit, de circuler chez les uns et chez les autres. Loin d'en faire un passage proprement chrétien ou une sorte d'Homère « converti », il faut, au contraire, verser cette pièce riche d'enseignements au dossier de l'impression d'« osmose », à la fois morale, littéraire et sophistique, à laquelle certains historiens de l'Antiquité tardive, comme Henri-Irénée Marrou, ont pu consacrer des pages importantes[54].

La double assimilation

On doit attirer l'attention sur l'exercice littéraire d'assimilation des exemples grecs aux préceptes évangéliques, tel qu'on peut le voir au chapitre VII, 8-11. On n'a pas affaire à un mouvement à sens unique, mais à un double mouvement de réécriture. On trouve, d'abord, dans ces paragraphes, un spécimen remarquable d'acculturation de l'hellénisme au christianisme. Les conduites de Socrate, Euclide, Périclès ou Alexandre le Grand, précédemment évoquées par le discours, ont une « parenté » (*adelphon* – ἀδελφόν), « vont dans le même sens » (*eis tauton pherei* – εἰς ταὐτὸν φέρει) que les commandements de Mt 5, 39, Mt 5, 44 et Mt 5, 28. Plus clairement encore, le thème apologétique

---

54. Henri-Irénée Marrou, *op. cit.*, p. 416-434.

du « larcin des Grecs » constitue la cheville qui permet d'annexer au christianisme le pythagoricien Clinias. Le chrétien « préalablement éduqué » (*propaideutheis* – προπαιδευθείς) par ces exemples, peut ensuite appliquer pleinement les commandements évangéliques. La hiérarchie est respectée, et l'hellénisme, une fois encore, joue son rôle de préparation au christianisme. Le profane introduit au sacré. On remarque moins, généralement, qu'en vertu d'un choc en retour les préceptes chrétiens se trouvent, en quelque sorte, hellénisés. On doit, en effet, souligner le rôle joué par la *reformulation* et la *réécriture* dans l'entreprise qui consiste à faire ressortir la ressemblance entre les *praxeis* (πράξεις) vertueuses des Grecs et les *parangelmata* (παραγγέλματα) des chrétiens. Jamais l'auteur *ne cite expressément* Mt 5. Il en donne toujours une paraphrase dont le vocabulaire, l'énoncé ou le mouvement « colle » avec celui des exemples.

Prenons le cas du traitement de Socrate. Dans la formulation adaptée de Mt 5, 39, les expressions *tôi tuptonti* – τῷ τύπτοντι (« celui qui frappe ») et *apamunasthai* – ἀπαμύνασθαι (« tirer vengeance ») ne sont pas évangéliques, mais elles rappellent le verbe *etupte* – ἔτυπτε (« il frappait ») et le verbe *amunasthai* – ἀμύνασθαι (« se venger »), qui ont servi dans le récit de la conduite de Socrate (VII, 6-7). Le précepte contenu en Mt 5, 44 est exploité de manière à correspondre, à la fois, à l'exemple de Périclès et à celui d'Euclide. En dehors du mot *diôkontas* – διώκοντας (les « persécuteurs »), aucun mot de la reformulation n'est issu de Matthieu. Le précepte « Aimez vos ennemis et priez pour vos persécuteurs » a subi, en revanche, une recomposition. La *structure* du commandement a été adaptée et dédoublée pour correspondre aux deux anecdotes grecques, « endurer

les persécuteurs et supporter leur colère avec douceur »
(Périclès) et « prier pour le bien des ennemis et ne pas les
maudire » (Euclide). On pourrait encore mener l'enquête,
de la même façon, sur l'exemple d'Alexandre, avec des
conclusions similaires. On voit, dans tous les cas, que le
précepte évangélique est réécrit *en fonction* du contenu de
l'exemple grec, de telle sorte qu'une circulation de l'un à
l'autre devient possible. On aurait donc, en quelque sorte,
un double mouvement d'acculturation ou d'assimilation,
au moins au plan littéraire. L'hellénisme semble ainsi,
immanquablement, préparer au christianisme.

L'hellénisme et la formulation de la doctrine chrétienne

Construits en miroir l'un de l'autre, hellénisme et
christianisme sont présentés comme deux visées d'inégale
portée. Tandis que le premier regarde vers cette vie et vers
les biens de cette vie, le second voit plus loin et regarde
vers « l'autre vie » (*heteros bios* – ἕτερος βίος) et les biens
véritables (II, 2). Dans le *Discours aux jeunes gens*, ce type
de formulation du christianisme n'est pas unique. La doctrine
chrétienne n'est jamais abordée de front, le christianisme
est presque toujours défini *à partir de* l'hellénisme[55]. S'il

---

55. *Cf.*, sur ce sujet, le chapitre II qui compte parmi les moments
d'*autodéfinition* de l'orateur chrétien et de son public (*hêmeis* – ἡμεῖς,
« nous autres »), mais aussi de *construction de l'Autre*, en l'occurrence,
les autorités littéraires de l'école. Cette *construction littéraire* se fait
non seulement dans l'opposition à la philosophie de l'hellénisme, telle
qu'elle est résumée, mais aussi *au moyen de l'hellénisme*. Au ch. II, 1,
les espérances chrétiennes ne sont pas formulées de manière directe,
mais par le biais de *la négation* des biens reconnus et recherchés par les
auteurs grecs, identifiés aux lieux de l'éloge de la rhétorique gréco-ro-
maine : les ancêtres illustres, la force physique, la beauté, la taille, etc.
La subversion des lieux de l'éloge ([…] οὐ μέγα) permet, à la fois, la
construction d'une figure d'altérité et la formulation d'une définition de

est exagéré d'affirmer[56] que « systématiquement l'opuscule fait abstraction de la Bible », car il comporte un certain nombre d'allusions à des passages scripturaires, et présente des réécritures pour un certains nombre d'entre eux, force est de constater que les éléments propres à la doctrine chrétienne n'apparaissent jamais au premier plan, dès lors qu'ils ne touchent plus à la morale. On a l'impression que la doctrine est présente à la manière d'un horizon estompé, et qu'un certain nombre de particularismes ont été *gommés*. L'autre vie n'est évoquée que sur le mode indirect ou par le biais d'analogies (II, 4-6), d'ailleurs inspirées de l'hellénisme (Platon, peut-être Ælius Aristide), le jugement dernier et la condamnation à l'Enfer sont évoqués sur un mode allusif (X, 7) ou au détour d'une retouche apportée au *Phèdre* de Platon (VIII, 15). Basile de Césarée semble parsemer son discours sur les lettres grecques de *pierres d'attente*, plus spécifiquement relatives au dogme chrétien et qui pourront, plus tard, faire l'objet de développements propres, ou qui peuvent probablement parler davantage au lecteur avancé. Le *Discours aux jeunes gens,* écrit *ad internos*, adopte un point de vue propédeutique, antérieur à la théologie. On comprend, dès lors, que les lecteurs des grands traités théologiques de Basile comme les trois livres *Contre Eunome* et le *Traité du Saint-Esprit* puissent être désorientés à la lecture du *Discours aux jeunes gens*, au point de le trouver « court et superficiel [57]».

---

soi, mais cela se fait, comme on le voit, *dans et par l'usage* de thèmes littéraires de l'hellénisme, utilisés sur le mode négatif.

56. *Cf.* Jean GRIBOMONT, « Notes biographiques », *loc. cit.*, p. 43.

57. *Cf.* Emmanuel AMAND DE MENDIETA, « The Official Attitude of Basil of Caesarea as a Christian Bishop towards Greek Philosophy and Science », *The Orthodox Churches and the West*, Derek Baker (éd.), Oxford, 1976, p. 25-49.

Conclusion

Si l'on a pu voir en Basile de Césarée « le plus classique des Pères Grecs [58]», nul doute que le présent opuscule est pour beaucoup dans la formulation d'un tel jugement. La fonction de la littérature profane dans la carrière intellectuelle-spirituelle du chrétien est claire, il s'agit d'une « préparation » à la foi, notamment sous sa forme intellectuellement élaborée. Cela ne veut pas dire pour autant que les rapports de ce texte à l'hellénisme ne sont pas plus complexes qu'un simple rapport de *soumission*. Le nombre des phénomènes de réécritures, d'allusions et de reprises (notamment les emprunts à l'œuvre et à la langue de Platon), ainsi que les points de contacts avec la littérature sophistique ou philosophique, avec Plutarque, font signe des ambitions littéraires de l'auteur, qui connaît sa littérature grecque, et de son intention de faire œuvre *dans l'hellénisme*, même s'il s'agit d'un hellénisme chrétien. Contrairement à ce que certains critiques ont pu laisser entendre, l'examen ne révèle, en fait, que peu de détournements manifestes. Le régime général de l'anthologie n'est pas la *christianisation*, au sens où des indices confessionnels seraient venus coiffer, de manière systématique, chacun des recours à la littérature grecque. Sans doute est-ce là l'effet d'un choix préalable, d'une sélection judicieuse, « à l'image des abeilles », qui « n'emportent que ce qui est utile à leur travail et envoient promener tout le reste » (cf. IV, 9). Cet ouvrage constitue, à notre avis, une excellente école de prudence pour le lecteur, peut-être trop enclin à évaluer les emprunts en

---

58. Fulbert Cayré, *Patrologie et histoire de la théologie*, t. I, Paris, 1927, p. 400.

termes de christianisation. S'il n'atteint pas les hauteurs de certains traités théologiques de Basile, et ce n'est pas là son but, le *Discours aux jeunes gens* a le mérite de nous faire réfléchir sur ce qui est proprement chrétien et ce qui ne l'est pas, ainsi que sur la circulation des textes littéraires d'un milieu spirituel à l'autre.

Note sur la présente édition

Nous avons voulu proposer, en regard du texte édité par Fernand Boulenger (1935, dernière réédition en date de 2002), une traduction nouvelle, divisée en paragraphes, et apporter quelques retouches au texte lui-même. La traduction est accompagnée de notes, particulièrement riches en références à des œuvres littéraires antiques. Nous n'avons pas voulu signifier qu'il s'agissait nécessairement de citations ou des sources de l'auteur. Nous n'avons voulu souligner, parfois, que des points de contact et de comparaison qui pourront être exploités par le lecteur. Il s'agit là d'une aide, espérons-nous, mais elle ne prétend pas à l'exhaustivité.

Nous avons, au cours de notre travail, bénéficié des suggestions, des critiques et des remarques des professeurs Françoise Frazier (Paris-X) et Olivier Munnich (Paris-IV), du P. Vincent Desprez et de Joël Robin, professeur en classes préparatoires au lycée Kerichen de Brest. Qu'ils trouvent ici l'expression de notre gratitude.

ΠΡΟΣ ΤΟΥΣ ΝΕΟΥΣ
ΟΠΩΣ ΑΝ ΕΞ ΕΛΛΗΝΙΚΩΝ
ΩΦΕΛΟΙΝΤΟ ΛΟΓΩΝ

———

I Πολλά με τὰ παρακαλοῦντά ἐστι συμβουλεῦσαι ὑμῖν, ὦ παῖδες, ἃ βέλτιστα εἶναι κρίνω, καὶ ἃ συνοίσειν ὑμῖν ἑλομένοις πεπίστευκα. Τό τε γὰρ ἡλικίας οὕτως ἔχειν, καὶ τὸ διὰ πολλῶν ἤδη γεγυμνάσθαι πραγμάτων, καὶ μὴν καὶ τὸ τῆς πάντα παιδευούσης ἐπ᾽ ἄμφω μεταβολῆς 5 ἱκανῶς μετασχεῖν, ἔμπειρόν με εἶναι τῶν ἀνθρωπίνων πεποίηκεν, ὥστε τοῖς ἄρτι καθισταμένοις τὸν βίον ἔχειν ὥσπερ ὁδοῦ τὴν ἀσφαλεστάτην ὑποδεικνύναι· τῇ τε παρὰ τῆς φύσεως οἰκειότητι εὐθὺς μετὰ τοὺς γονέας ὑμῖν τυγχάνω, ὥστε μήτ᾽ αὐτὸς ἔλαττόν τι πατέρων εὐνοίας 10 νέμειν ὑμῖν, ὑμᾶς δὲ νομίζω, εἰ μή τι ὑμῶν διαμαρτάνω τῆς γνώμης, μὴ ποθεῖν τοὺς τεκόντας, πρὸς ἐμὲ βλέποντας. Εἰ μὲν οὖν προθύμως δέχοισθε τὰ λεγόμενα, τῆς δευτέρας τῶν ἐπαινουμένων ἔσεσθε παρ᾽ Ἡσιόδῳ τάξεως·

AUX JEUNES GENS,
COMMENT TIRER PROFIT
DE LA LITTÉRATURE GRECQUE

I, 1. Nombre de raisons me poussent[1], mes enfants, à vous donner les conseils que je juge les meilleurs et dont je suis convaincu qu'ils vous seront utiles, si vous les adoptez. **2.** En effet, non seulement l'âge que j'ai, les nombreuses affaires qui m'ont exercé et, plus encore, la part suffisante que j'ai eue des vicissitudes qui enseignent tout m'ont assez donné l'expérience des choses humaines pour que je puisse, pour ainsi dire, montrer à ceux qui établissent tout juste leur vie la route la plus sûre à tenir, **3.** mais encore, la nature m'a placé juste après vos parents, si bien que je vous porte moi-même une bienveillance qui ne le cède en rien à celle de vos pères, de même que vous, à mon avis, ne regrettez pas les auteurs de vos jours lorsque vous regardez vers moi, à moins que je me méprenne sur votre sentiment. **4.** Si, cela étant, il advient que vous receviez mes paroles de bon cœur, vous appartiendrez à la deuxième classe de ceux dont Hésiode fait l'éloge. Sinon, ce n'est pas moi qui dirais quoi que ce

---

1. Πολλά - παρακαλοῦντα, emprunt littéral à Ps.-Démosthène, *Contre Nééra*, 1.

εἰ δὲ μή, ἐγὼ μὲν οὐδὲν ἂν εἴποιμι δυσχερές, αὐτοὶ δὲ 15
μέμνησθε τῶν ἐπῶν δηλονότι, ἐν οἷς ἐκεῖνός φησιν
ἄριστον μὲν εἶναι τὸν παρ᾽ ἑαυτοῦ τὰ δέοντα συνορῶντα,
ἐσθλὸν δὲ κἀκεῖνον τὸν τοῖς παρ᾽ ἑτέρων ὑποδειχθεῖσιν
ἐπόμενον, τὸν δὲ πρὸς οὐδέτερον ἐπιτήδειον ἀχρεῖον εἶναι
πρὸς ἄπαντα. Μὴ θαυμάζετε δὲ εἰ καθ᾽ ἑκάστην ἡμέραν 20
εἰς διδασκάλου φοιτῶσι, καὶ τοῖς ἐλλογίμοις τῶν παλαιῶν
ἀνδρῶν δι᾽ ὧν καταλελοίπασι λόγων συγγινομένοις ὑμῖν,
αὐτός τι παρ᾽ ἐμαυτοῦ λυσιτελέστερον ἐξευρηκέναι φημί.
Τοῦτο μὲν οὖν αὐτὸ καὶ συμβουλεύσων ἥκω, τὸ μὴ δεῖν
εἰς ἅπαξ τοῖς ἀνδράσι τούτοις, ὥσπερ πλοίου τὰ πηδάλια 25
τῆς διανοίας ὑμῶν παραδόντας, ᾗπερ ἂν ἄγωσι, ταύτῃ
συνέπεσθαι, ἀλλ᾽ ὅσον ἐστὶ χρήσιμον αὐτῶν δεχομένους,
εἰδέναι τί χρὴ καὶ παριδεῖν. Τίνα οὖν ἐστι ταῦτα καὶ
ὅπως διακρινοῦμεν, τοῦτο δὴ καὶ διδάξω ἔνθεν ἑλών.

II Ἡμεῖς, ὦ παῖδες, οὐδὲν εἶναι χρῆμα παντάπασι
τὸν ἀνθρώπινον βίον τοῦτον ὑπολαμβάνομεν, οὔτ᾽ ἀγαθόν
τι νομίζομεν ὅλως, οὔτ᾽ ὀνομάζομεν, ὃ τὴν συντέλειαν
ἡμῖν ἄχρι τούτου παρέχεται. Οὐκοῦν οὐ προγόνων περι-
φάνειαν, οὐκ ἰσχὺν σώματος, οὐ κάλλος, οὐ μέγεθος, οὐ 5
τὰς παρὰ πάντων ἀνθρώπων τιμάς, οὐ βασιλείαν αὐτήν,
οὐχ ὅ τι ἂν εἴποι τις τῶν ἀνθρωπίνων, μέγα, ἀλλ᾽ οὐδ᾽
εὐχῆς ἄξιον κρίνομεν, ἢ τοὺς ἔχοντας ἀποβλέπομεν, ἀλλ᾽
ἐπὶ μακρότερον πρόϊμεν ταῖς ἐλπίσι, καὶ πρὸς ἑτέρου βίου
παρασκευὴν ἅπαντα πράττομεν. Ἃ μὲν οὖν ἂν συντελῇ 10

2. Cf. Hésiode, Les Travaux et les Jours, 293 sq. pour les mots
ἄριστον, ἐσθλόν, κἀκεῖνον et ἀχρεῖον.
3. ὥσπερ - παραδόντας, reprise de Ps.-Platon, Clitophon, 408 b.
4. L'expression, d'origine homérique (Od., VIII, 500 ; XIV, 74),
signifie littéralement : « en partant de là ».
5. Cf. Platon, République, VI, 491 c. Le renversement des lieux
traditionnels de l'éloge au bénéfice de la contemptio mundi est un

soit de désagréable, mais, à l'évidence, vous avez de vous-
mêmes à l'esprit les vers dans lesquels ce poète dit que
le meilleur, c'est l'homme qui comprend de lui-même ce
qu'il doit faire ; qu'est de valeur aussi l'homme qui suit
les indications d'autrui ; mais que celui qui n'est capable
de faire ni l'un, ni l'autre n'est propre à rien[2]. **5.** Ne vous
étonnez pas qu'à vous qui chaque jour allez à l'école et
fréquentez l'élite des Anciens, par l'intermédiaire des
livres qu'ils ont laissés, je déclare, moi, que j'ai tiré de
mon fonds quelque chose de plus utile pour vous. **6.**
Car voici, précisément, le conseil que je suis venu vous
donner : il ne faut pas abandonner à ces hommes, une fois
pour toutes, le gouvernail de votre intelligence, comme
celui d'un navire[3], ni les suivre quel que soit l'endroit où
ils veulent vous conduire, mais il ne faut recevoir que ce
qu'ils ont d'utile et savoir aussi ce qu'il faut laisser de
côté. **7.** De quoi s'agit-il ? Comment ferons-nous la part
des choses ? C'est de cela, précisément, que je vais vous
instruire, sans plus attendre[4].

II, 1. Nous autres, mes enfants, nous n'accordons à
cette vie humaine absolument aucune valeur. Nous ne
considérons en aucun cas ni n'appelons bien ce dont
la contribution se limite aux bornes de cette vie. **2.** Par
conséquent, ce n'est pas le caractère illustre des ancêtres,
la force physique, la beauté, la taille, les honneurs
reçus de tous les hommes, la royauté elle-même, tout
ce qu'on pourrait citer parmi les choses humaines[5], que

procédé habituel chez les auteurs chrétiens : *cf.*, entre autres exemples,
Grégoire le Thaumaturge, *Remerciement à Origène* II, 10-12 ; Basile
de Césarée, *En l'honneur du martyr Gordios*, PG 31, 492 C-D, *En
l'honneur des Quarante martyrs*, PG 31, 509 A-C, *Ep.* 173 ; Grégoire
de Nazianze, *Or.* 43, 10 ; Grégoire de Nysse, *En l'honneur de Grégoire
le Thaumaturge*, 4-8, *GNO* X, 1, p. 4-8.

πρὸς τοῦτον ἡμῖν, ἀγαπᾶν τε καὶ διώκειν παντὶ σθένει
χρῆναί φαμεν, τὰ δ᾽ οὐκ ἐξικνούμενα πρὸς ἐκεῖνον ὡς
οὐδενὸς ἄξια παρορᾶν. Τίς δὴ οὖν οὗτος ὁ βίος καὶ ὅπη
καὶ ὅπως αὐτὸν βιωσόμεθα, μακρότερον μὲν ἢ κατὰ τὴν
παροῦσαν ὁρμὴν ἐφικέσθαι, μειζόνων δὲ ἢ καθ᾽ ὑμᾶς 15
ἀκροατῶν ἀκοῦσαι. Τοσοῦτόν γε μὴν εἰπὼν ἱκανῶς ἂν
ἴσως ὑμῖν ἐνδειξαίμην ὅτι πᾶσαν ὁμοῦ τὴν ἀφ᾽ οὗ
γεγόνασιν ἄνθρωποι τῷ λόγῳ τις συλλαβὼν καὶ εἰς ἓν
ἀθροίσας εὐδαιμονίαν οὐδὲ πολλοστῷ μέρει τῶν ἀγαθῶν
ἐκείνων εὑρήσει παρισουμένην, ἀλλὰ πλεῖον τοῦ ἐν ἐκείνοις 20
ἐλαχίστου τὰ σύμπαντα τῶν τῇδε καλῶν κατὰ τὴν ἀξίαν
ἀφεστηκότα ἢ καθ᾽ ὅσον σκιὰ καὶ ὄναρ τῶν ἀληθῶν ἀπολεί-
πεται. Μᾶλλον δέ, ἵν᾽ οἰκειοτέρῳ χρήσωμαι τῷ παραδείγ-
ματι, ὅσῳ ψυχὴ τοῖς πᾶσι τιμιωτέρα σώματος, τοσούτῳ
καὶ τῶν βίων ἑκατέρων ἐστὶ τὸ διάφορον. 25
Εἰς δὴ τοῦτον ἄγουσι μὲν Ἱεροὶ Λόγοι, δι᾽ ἀπορρήτων
ἡμᾶς ἐκπαιδεύοντες. Ἕως γε μὴν ὑπὸ τῆς ἡλικίας
ἐπακούειν τοῦ βάθους τῆς διανοίας αὐτῶν οὐχ οἷόν τε,
ἐν ἑτέροις οὐ πάντῃ διεστηκόσιν, ὥσπερ ἐν σκιαῖς τισι
καὶ κατόπτροις, τῷ τῆς ψυχῆς ὄμματι τέως προγυμναζό- 30
μεθα, τοὺς ἐν τοῖς τακτικοῖς τὰς μελέτας ποιουμένους

6. Cf. Pindare, Huitième Pythique, 95, et Platon, République, VII,
515 c-d.

7. Cf. Platon, Premier Alcibiade, 130 b-c, Timée, 34 c.

8. Le vocabulaire mystérique (d'origine platonicienne) avait déjà
été repris par Philon et par les auteurs chrétiens alexandrins à sa suite.
Cf. C. RIEDWEG, Mysterienterminologie bei Platon, Philon und Klemens
von Alexandrien, Berlin, 1987.

nous considérons comme grand, ou même digne d'être souhaité, et nous ne fixons pas les yeux sur ceux qui les possèdent, mais nous portons plus loin nos espérances et faisons toute chose en vue de préparer l'autre vie. **3.** Ainsi donc, tout ce qui peut y contribuer, nous affirmons qu'il faut l'aimer et le poursuivre à toute force, mais que ce qui ne tend pas vers elle, il faut le négliger comme étant sans aucune valeur. **4.** Ce qu'est précisément cette vie, où et comment nous la vivrons, ce sont là des questions qui tout à la fois excèdent notre présente entreprise et dépassent ce que les auditeurs que vous êtes peuvent entendre. **5.** Mais je puis peut-être vous en donner une indication suffisante par cette seule remarque que si l'on collecte par la pensée tout le bonheur depuis que des hommes existent et qu'on le rassemble en un tout, on ne trouvera même pas qu'il est comparable à la plus petite partie des biens de l'autre vie, mais l'ensemble des beautés d'ici est plus éloigné en valeur du moindre de ces biens-là qu'ombre et songe ne le cèdent à la réalité[6]. **6.** Ou plutôt, pour utiliser un exemple plus approprié, autant l'âme est, à tous points de vue, supérieure en dignité par rapport au corps[7], autant les deux vies diffèrent l'une de l'autre. **7.** C'est précisément vers cette autre vie que conduisent les Saints Livres, qui nous éduquent au moyen de mystères[8]. En vérité, aussi longtemps que l'âge nous empêche d'entendre la profondeur de leur sens, c'est sur d'autres livres qui n'en diffèrent pas complètement, comme sur des ombres et des miroirs, que nous faisons faire à l'œil de l'âme[9] les exercices préparatoires, à l'imitation

9. *Cf.* Platon, *République* VII, 516 a-b (étapes de la sortie de la Caverne) ; 527 e, 533 d (pour l'œil de l'âme).

μιμούμενοι· οἵ γε, ἐν χειρονομίαις καὶ ὀρχήσεσι τὴν
ἐμπειρίαν κτησάμενοι, ἐπὶ τῶν ἀγώνων τοῦ ἐκ τῆς παιδιᾶς
ἀπολαύουσι κέρδους. Καὶ ἡμῖν δὴ οὖν ἀγῶνα προκεῖσθαι
πάντων ἀγώνων μέγιστον νομίζειν χρεών, ὑπὲρ οὗ πάντα 35
ποιητέον ἡμῖν καὶ πονητέον εἰς δύναμιν ἐπὶ τὴν τούτου
παρασκευήν, καὶ ποιηταῖς καὶ λογοποιοῖς καὶ ῥήτορσι καὶ
πᾶσιν ἀνθρώποις ὁμιλητέον ὅθεν ἂν μέλλῃ πρὸς τὴν τῆς
ψυχῆς ἐπιμέλειαν ὠφέλειά τις ἔσεσθαι. Ὥσπερ οὖν οἱ
δευσοποιοί, παρασκευάσαντες πρότερον θεραπείαις τισὶν 40
ὅ τι ποτ᾿ ἂν ᾖ τὸ δεξόμενον τὴν βαφήν, οὕτω τὸ ἄνθος
ἐπάγουσιν, ἄν τε ἁλουργόν, ἄν τέ τι ἕτερον ᾖ· τὸν αὐτὸν
δὴ καὶ ἡμεῖς τρόπον, εἰ μέλλει ἀνέκπλυτος ἡμῖν ἡ τοῦ
καλοῦ παραμένειν δόξα, τοῖς ἔξω δὴ τούτοις προτελε-
σθέντες, τηνικαῦτα τῶν ἱερῶν καὶ ἀπορρήτων ἐπακουσόμεθα 45
παιδευμάτων· καὶ οἷον ἐν ὕδατι τὸν ἥλιον ὁρᾶν ἐθισθέντες
οὕτως αὐτῷ προσβαλοῦμεν τῷ φωτὶ τὰς ὄψεις.

III   Εἰ μὲν οὖν ἔστι τις οἰκειότης πρὸς ἀλλήλους τοῖς
λόγοις, προὔργου ἂν ἡμῖν αὐτῶν ἡ γνῶσις γένοιτο· εἰ δὲ
μή, ἀλλὰ τό γε παράλληλα θέντας καταμαθεῖν τὸ διάφορον
οὐ μικρὸν εἰς βεβαίωσιν τοῦ βελτίονος. Τίνι μέντοι καὶ
παρεικάσας τῶν παιδεύσεων ἑκατέραν, τῆς εἰκόνος ἂν 5
τύχοις; Ἦπου καθάπερ φυτοῦ οἰκεία μὲν ἀρετὴ τῷ
καρπῷ βρύειν ὡραίῳ, φέρει δέ τινα κόσμον καὶ φύλλα τοῖς
κλάδοις περισειόμενα· οὕτω δὴ καὶ ψυχῇ προηγουμένως
μὲν καρπὸς ἡ ἀλήθεια, οὐκ ἄχαρί γε μὴν οὐδὲ τὴν θύραθεν
σοφίαν περιβεβλῆσθαι, οἷόν τινα φύλλα σκέπην τε τῷ 10

10. Sur la notion de soin de l'âme et sa présence dans le
Premier Alcibiade, *cf.* M. FOUCAULT, *Le Souci de soi*, Paris, 1984, et
L'Herméneutique du sujet, Paris, 2001.
    11. *Cf.* Platon, *République*, IV, 429 d *sq.*, comparaison devenue
habituelle et scolaire, *cf.* Jamblique, *Vie de Pythagore*, XVII, 76.
    12. *Cf.* Introduction, p. XXXII-XXXIII.
    13. *Cf.* Platon, *République*, VII, 516 a-b.
    14. *I.e.* entre les sciences profanes et les sciences sacrées.

de ceux qui, dans le domaine militaire, effectuent les
manœuvres d'entraînement : en effet, c'est en ayant
acquis l'expérience par la pratique des manipulations et
des mouvements cadencés qu'ils tirent le fruit de leurs
jeux au cours des combats. **8.** Or à nous aussi c'est un
combat qui est proposé, faut-il croire, et le plus grand :
pour le remporter, il nous faut tout faire, peiner autant
que possible pour nous y préparer, et fréquenter et les
poètes, et les prosateurs, et les orateurs, et tout homme
dont on pourra tirer une aide pour le soin de l'âme[10]. **9.**
De même que les teinturiers, une fois qu'ils ont préparé
au moyen de certains traitements la pièce destinée à
recevoir la couleur, appliquent ensuite la teinture, qu'elle
soit pourpre ou qu'elle soit d'une autre teinte[11], de la
même façon, nous, si la doctrine du beau doit rester
pour nous indélébile, initiés d'abord à ces disciplines
du dehors[12], nous entendrons ensuite les enseignements
saints et mystérieux ; et, comme habitués à voir le soleil
dans l'eau, nous lèverons, forts de cette habitude, les
yeux vers la lumière elle-même[13].

III, 1. Si donc il existe une affinité des doctrines entre
elles[14], la connaissance de celles-ci peut nous être utile ;
sinon, les confronter, du moins, et apprendre ce qui les
distingue, ce n'est pas rien, pour renforcer la meilleure !
2. Mais à quoi comparer l'un et l'autre des enseignements,
pour obtenir une image juste ? Voici. De même que l'arbre,
si sa vertu propre est de se couvrir du fruit de saison,
porte une parure et des feuilles qui s'agitent autour de
ses branches, de même aussi, la vérité est spécialement
pour l'âme un fruit, mais il n'est pas sans grâce, non plus,
que même la sagesse profane l'enveloppe, comme des

καρπῷ καὶ ὄψιν οὐκ ἄωρον παρεχόμενα. Λέγεται τοίνυν καὶ Μωϋσῆς ἐκεῖνος ὁ πάνυ, οὗ μέγιστόν ἐστιν ἐπὶ σοφίᾳ παρὰ πᾶσιν ἀνθρώποις ὄνομα, τοῖς Αἰγυπτίων μαθήμασιν ἐγγυμνασάμενος τὴν διάνοιαν, οὕτω προσελθεῖν τῇ θεωρίᾳ Τοῦ ὄντος. Παραπλησίως δὲ τούτῳ, κἂν τοῖς κάτω 15 χρόνοις, τὸν σοφὸν Δανιὴλ ἐπὶ Βαβυλῶνός φασι τὴν Χαλδαίων σοφίαν καταμαθόντα, τότε τῶν θείων ἅψασθαι παιδευμάτων.

IV ᾿Αλλ᾿ ὅτι μὲν οὐκ ἄχρηστον ψυχαῖς μαθήματα τὰ ἔξωθεν δὴ ταῦτα ἱκανῶς εἴρηται· ὅπως γε μὴν αὐτῶν μεθεκτέον ὑμῖν ἑξῆς ἂν εἴη λέγειν. Πρῶτον μὲν οὖν τοῖς παρὰ τῶν ποιητῶν, ἵν᾿ ἐντεῦθεν ἄρξωμαι, ἐπεὶ παντοδαποί τινές εἰσι κατὰ τοὺς λόγους, μὴ πᾶσιν ἐφεξῆς προσέχειν 5 τὸν νοῦν, ἀλλ᾿ ὅταν μὲν [τὰς] τῶν ἀγαθῶν ἀνδρῶν πράξεις ἢ λόγους ὑμῖν διεξίωσιν, ἀγαπᾶν τε καὶ ζηλοῦν, καὶ ὅτι μάλιστα πειρᾶσθαι τοιούτους εἶναι, ὅταν δὲ ἐπὶ μοχθηροὺς

15. Les traditions juive et chrétienne veulent que Moïse ait recueilli le fruit de la sagesse égyptienne : Ac 7, 22 ; Philon d'Alexandrie, *Vie de Moïse*, I, 5 ; Clément d'Alexandrie, *Stromate* I, XXIII, 153, 2-3 ; Ps.-Justin, *Cohortatio ad Graecos*, 10, 1 ; Basile de Césarée, *In Hexaemeron*, I, 1.

16. Interprétation de la vision du Buisson ardent (et non de l'entrée dans la Ténèbre), Ex 3, 1-8. L'auteur lit ici la « contemplation de l'Être » non pas comme une expérience exceptionnelle, mais comme l'étape théologique et sacrée de la formation intellectuelle de Moïse, après l'acquisition de la sagesse profane. Comparer avec *In Hexaemeron*, I, 1. Sur l'usage de la biographie de Moïse chez les Cappadociens, *cf.* M. HARL, « Les trois quarantaines de la vie de Moïse, schéma idéal de la vie du moine-évêque chez les Cappadociens », *REG* 80, 1967, p. 407-412, repris dans *Le Déchiffrement du sens. Études sur l'herméneutique chrétienne d'Origène à Grégoire de Nysse*, Paris, 1993, p. 301-306.

feuilles qui offrent une protection au fruit et un spectacle qui n'est pas hors de saison. **3.** On dit par exemple que le grand Moïse lui-même, dont la réputation de sagesse est extrême chez tous les hommes, exerça sa pensée dans les connaissances des Égyptiens[15] et que, cela fait, il en vint à la contemplation de l'Être[16]. **4.** De façon comparable à celui-ci, en des temps plus récents aussi, on dit que le sage Daniel apprit d'abord la sagesse des Chaldéens à Babylone, et que c'est ensuite seulement qu'il toucha aux enseignements divins[17].

IV, 1. Eh bien, que les connaissances profanes ne sont pas chose inutile pour les âmes, voilà qui a suffisamment été dit ; de quelle manière, maintenant, il faut que vous en preniez votre part, c'est ce que la suite va dire. **2.** Tout d'abord, s'agissant de la matière poétique, pour commencer par là, puisque certains poètes traitent toutes sortes de sujets dans leurs œuvres[18], ne vous arrêtez pas à tout ce qu'ils disent en bloc : quand ce sont les actions ou les paroles des hommes de bien qu'ils vous racontent, aimez-les et enviez-les, et tâchez le plus possible d'être comme eux[19] ; mais quand ils passent à la représentation

---

17. Exploitation de la séquence Daniel I, 3-6 (Daniel fait partie des enfants choisis pour recevoir une éducation chaldéenne). Origène, déjà, donne Daniel comme exemple de ceux qui ont progressé de la sagesse charnelle à la sagesse divine, *Contre Celse*, VI, 14.

18. Παντοδαπός est l'adjectif utilisé pour qualifier le poète, imitateur universel, dans Platon, *République*, III, 398 a.

19. *Cf.* Platon, *Protagoras*, 326 a.

ἄνδρας ἔλθωσι τῇ μιμήσει, ταῦτα δεῖ φεύγειν ἐπιφρασσο-
μένους τὰ ὦτα οὐχ ἧττον ἢ τὸν Ὀδυσσέα φασὶν ἐκεῖνοι 10
τὰ τῶν Σειρήνων μέλη. Ἡ γὰρ πρὸς τοὺς φαύλους τῶν
λόγων συνήθεια ὁδός τίς ἐστιν ἐπὶ τὰ πράγματα. Διὸ δὴ
πάσῃ φυλακῇ τὴν ψυχὴν τηρητέον, μὴ διὰ τῆς τῶν λόγων
ἡδονῆς παραδεξάμενοί τι λάθωμεν τῶν χειρόνων, ὥσπερ οἱ
τὰ δηλητήρια μετὰ τοῦ μέλιτος προσιέμενοι. Οὐ τοίνυν 15
⟨ἐν πᾶσιν⟩ ἐπαινεσόμεθα τοὺς ποιητάς, οὐ λοιδορουμένους,
οὐ σκώπτοντας, οὐκ ἐρῶντας ἢ μεθύοντας μιμουμένους,
οὐχ ὅταν τραπέζῃ πληθούσῃ καὶ ᾠδαῖς ἀνειμέναις τὴν
εὐδαιμονίαν ὁρίζωνται. Πάντων δὲ ἥκιστα περὶ θεῶν τι
διαλεγομένοις προσέξομεν, καὶ] μάλισθ᾽ ὅταν ὡς περὶ 20
πολλῶν τε αὐτῶν διεξίωσι καὶ τούτων οὐδ᾽ ὁμονοούντων.
Ἀδελφὸς γὰρ δὴ παρ᾽ ἐκείνοις διαστασιάζει πρὸς ἀδελφόν,
καὶ γονεὺς πρὸς παῖδας, καὶ τούτοις αὖθις πρὸς τοὺς
τεκόντας πόλεμός ἐστιν ἀκήρυκτος. Μοιχείας δὲ θεῶν καὶ
ἔρωτας καὶ μίξεις ἀναφανδόν, καὶ ταύτας γε μάλιστα τοῦ 25
κορυφαίου πάντων καὶ ὑπάτου Διός, ὡς αὐτοὶ λέγουσιν, ἃ
κἂν περὶ βοσκημάτων τις λέγων ἐρυθριάσειε, τοῖς ἐπὶ
σκηνῆς καταλείψομεν. Ταὐτὰ δὴ ταῦτα λέγειν καὶ περὶ
συγγραφέων ἔχω, καὶ μάλισθ᾽ ὅταν ψυχαγωγίας ἕνεκα τῶν
ἀκουόντων λογοποιῶσι. Καὶ ῥητόρων δὲ τὴν περὶ τὸ ψεύ- 30

20. Ce résumé inattendu d'*Odyssée*, XII, 35 *sq.* , 154 *sq.* (Ulysse
est au contraire le seul à entendre le chant des Sirènes) a donné lieu à
des appréciations diverses : *cf.* Introduction, p. XXXVIII-XXXIX.

21. *Cf.* Pv 4, 23.

22. Allusion à l'épisode de Circé, *Odyssée*, X, 234-236. *Cf.*
Plutarque, *Brut. anim.*, 985 E, à propos des paroles empoisonnées et
séductrices de Circé.

23. L'introduction d'ἐν πᾶσιν dans le texte de la CUF ne paraît
pas nécessaire.

24. *Cf.* Platon, *République*, III, 390 a-b ; 395 d ; 396 c-d.

25. La critique de l'image immorale que les poètes, notamment Homère
et Hésiode, donnent des dieux et en particulier de Zeus, s'appuie en partie sur
République, III, 377 e-378 a. Il s'agit d'un lieu commun de l'apologétique
chrétienne contre le paganisme : *cf.* Justin, *Ap.*, I, 4, 9 ; I, 21, 4-5 ; I, 25, 2 ;

de méchants, il faut y échapper en vous bouchant les oreilles, tout comme Ulysse a échappé aux chants des Sirènes, d'après ces poètes[20]. **3.** En effet, l'accoutumance aux paroles mauvaises est une voie qui conduit à leur réalisation. C'est pourquoi, précisément, il faut garder notre âme de toute notre vigilance[21], de peur qu'à travers le plaisir que procurent les paroles, nous n'accueillions en nous, à notre insu, quelque chose de mauvais, comme ceux qui prennent le poison avec le miel[22]. **4.** Nous ne louerons donc les poètes[23] ni quand ils insultent, ni quand ils raillent, ni quand ils représentent des amants ou des ivrognes, ni quand ils confinent le bonheur à une table pleine ou à des chants relâchés[24]. **5.** Moins encore qu'à toute autre chose, nous ne leur accorderons notre attention quand ils discourent en quelque manière sur des dieux, et surtout quand ils s'étendent sur leur nombre et, en outre, leurs désaccords. En effet, chez eux, le frère est en dissentiment avec le frère, le père avec les enfants, et ceux-là, à leur tour, font à leurs parents une guerre implacable. **6.** Quant aux adultères, amours et unions de dieux au grand jour, et surtout celles de Zeus[25], le coryphée de l'Univers et le dieu suprême, comme eux-mêmes l'appellent – toutes choses dont on rougirait de parler même s'il ne s'agissait que de bestiaux –, nous les laisserons aux gens de théâtre[26] ! Je peux tenir ce même discours aussi pour les prosateurs, et surtout quand ils inventent des histoires pour séduire les auditeurs. **7.** Des orateurs, nous n'imiterons pas l'art de mentir : car ni au

---

Aristide, *Ap.*, 8, 2 ; 9, 2 ; 11, 7 ; 17, 2 Sy. *Cf.* Jean Pépin, « Christianisme et mythologie. Jugements chrétiens sur les analogies du paganisme et du christianisme », *Dictionnaire des Mythologies*, t. I, Paris, 1981, p. 161-171.

26. Le reproche d'immoralité adressé au théâtre est un lieu commun de la morale antique, *cf.* Clém. Alex., *Pédagogue*, III, 11, 76-77.

δεσθαι τέχνην οὐ μιμησόμεθα. Οὔτε γὰρ ἐν δικαστηρίοις,
οὔτ᾽ ἐν ταῖς ἄλλαις πράξεσιν ἐπιτήδειον ἡμῖν τὸ ψεῦδος,
τοῖς τὴν ὀρθὴν ὁδὸν καὶ ἀληθῆ προελομένοις τοῦ βίου, οἷς
τὸ μὴ δικάζεσθαι νόμῳ προστεταγμένον ἐστίν. Ἀλλ᾽ ἐκεῖνα
αὐτῶν μᾶλλον ἀποδεξόμεθα, ἐν οἷς ἀρετὴν ἐπήνεσαν, ἢ 35
πονηρίαν διέβαλον. Ὡς γὰρ τῶν ἀνθέων τοῖς μὲν λοιποῖς
ἄχρι τῆς εὐωδίας ἢ τῆς χρόας ἐστὶν ἡ ἀπόλαυσις, ταῖς
μελίτταις δ᾽ ἄρα καὶ μέλι λαμβάνειν ἀπ᾽ αὐτῶν ὑπάρχει,
οὕτω δὴ κἀνταῦθα τοῖς μὴ τὸ ἡδὺ καὶ ἐπίχαρι μόνον τῶν
τοιούτων λόγων διώκουσιν ἔστι τινὰ καὶ ὠφέλειαν ἀπ᾽ 40
αὐτῶν εἰς τὴν ψυχὴν ἀποθέσθαι. Κατὰ πᾶσαν δὴ οὖν τῶν
μελιττῶν τὴν εἰκόνα τῶν λόγων ἡμῖν μεθεκτέον. Ἐκεῖναί
τε γὰρ οὔτε ἅπασι τοῖς ἄνθεσι παραπλησίως ἐπέρχονται,
οὔτε μὴν οἷς ἂν ἐπιπτῶσιν ὅλα φέρειν ἐπιχειροῦσιν, ἀλλ᾽
ὅσον αὐτῶν ἐπιτήδειον πρὸς τὴν ἐργασίαν λαβοῦσαι, τὸ 45
λοιπὸν χαίρειν ἀφῆκαν· ἡμεῖς τε, ἢν σωφρονῶμεν, ὅσον
οἰκεῖον ἡμῖν καὶ συγγενὲς τῇ ἀληθείᾳ παρ᾽ αὐτῶν κομισά-
μενοι, ὑπερβησόμεθα τὸ λειπόμενον. Καὶ καθάπερ τῆς
ῥοδωνιᾶς τοῦ ἄνθους δρεψάμενοι τὰς ἀκάνθας ἐκκλίνομεν,
οὕτω καὶ ἐπὶ τῶν τοιούτων λόγων ὅσον χρήσιμον καρπωσά- 50
μενοι, τὸ βλαβερὸν φυλαξόμεθα. Εὐθὺς οὖν ἐξ ἀρχῆς
ἐπισκοπεῖν ἕκαστον τῶν μαθημάτων, καὶ συναρμόζειν τῷ
τέλει προσῆκε, κατὰ τὴν Δωρικὴν παροιμίαν, τὸν λίθον
ποτὶ τὰν σπάρτον ἄγοντας.

27. *Cf.* Ps 118, 30.
28. Allusion à 1 Co 6, 1-7.
29. Comparer avec Plutarque, *De prof. in virt.*, 79 C-D. Ici l'abeille
est l'image du lecteur, les fleurs sont les livres et morceaux choisis, et
le miel le bénéfice tiré de la lecture. Les abeilles sont, dans ce passage,
l'image d'un éclectisme éclairé et productif.
30. *Cf.* Ps.-Isocrate, *À Démonicos*, 52, mais l'image est commune.
31. *Cf.* Platon, *République*, IV, 487 a.
32. Cette image de la sélection est attestée chez Lucien, *Comment
on écrit l'histoire*, 28 ; Clément d'Alexandrie, *Stromate* II, I, 3, 3 ;
Grégoire de Nazianze, *Carm. Mor.*, PG 37, 696 A (qui considère la
formule comme proverbiale).

tribunal, ni dans les autres affaires, le mensonge n'est convenable pour nous qui avons choisi la voie droite et véritable de la vie[27], nous pour qui l'interdiction de plaider en justice a été établie par une loi[28]. Mais ce que nous accepterons d'eux, ce sont plutôt les passages dans lesquels ils ont loué la vertu ou décrié le vice. **8.** En effet, de même que le commun des êtres ne profite des fleurs que dans les limites du parfum et de la couleur et que c'est aux abeilles qu'il est réservé d'en recueillir le miel[29], de même ici, il est possible à ceux qui ne cherchent pas seulement ce qu'il y a d'agréable et de charmant dans de tels livres de tirer d'eux un certain profit pour l'âme. **9.** Ainsi donc, c'est entièrement à l'image des abeilles que nous devons prendre notre part des livres. Celles-ci, en effet, ne vont pas de la même manière sur toutes les fleurs et elles n'entreprennent pas non plus d'emporter tout entières celles sur lesquelles elles se sont posées, mais, recueillant seulement ce qui convient à leur travail, elles envoient promener tout le reste[30]. Quant à nous, si nous avons du bon sens, emportant seulement de ces livres ce qui nous est approprié et qui est connaturel à la vérité[31], pour le reste, nous passerons outre. **10.** Et, de même que, lorsque nous cueillons une fleur sur un rosier, nous évitons les épines, de même, nous récolterons seulement ce qui est utile sur de tels ouvrages et nous nous garderons de ce qui est nuisible[32]. Ainsi donc, il conviendrait, dès à présent, de scruter chacune des connaissances et de l'adapter au but qui est le nôtre, en jugeant, comme le dit le proverbe dorien, la pierre en fonction du cordeau[33].

---

33. En dialecte dorien dans le texte. C'est la règle qui sert de mesure à la pierre, et non l'inverse. *Cf.* Plutarque, *De prof. in virt.*, 2, 75 F ; Grégoire de Nazianze, *Ep.*, 38, 3.

V Καὶ ἐπειδήπερ δι᾽ ἀρετῆς ἐπὶ τὸν βίον ἡμῖν κα⟨τα⟩θεῖ-
ναι δεῖ τὸν ἕτερον, εἰς ταύτην δὲ πολλὰ μὲν ποιηταῖς, πολλὰ
δὲ συγγραφεῦσι, πολλῷ δὲ ἔτι πλείω φιλοσόφοις ἀνδράσιν
ὕμνηται, τοῖς τοιούτοις τῶν λόγων μάλιστα προσεκτέον.
Οὐ μικρὸν γὰρ τὸ ὄφελος, οἰκειότητά τινα καὶ συνήθειαν 5
ταῖς τῶν νέων ψυχαῖς τῆς ἀρετῆς ἐγγενέσθαι· ἐπείπερ
ἀμετάστατα πέφυκεν εἶναι τὰ τῶν τοιούτων μαθήματα, δι᾽
ἁπαλότητα τῶν ψυχῶν εἰς βάθος ἐνσημαινόμενα. Ἢ τί
ποτε ἄλλο διανοηθέντα τὸν Ἡσίοδον ὑπολάβωμεν ταυτὶ
ποιῆσαι τὰ ἔπη ἃ πάντες ᾄδουσιν, ἢ οὐχὶ προτρέποντα 10
τοὺς νέους ἐπ᾽ ἀρετήν ; "Ὅτι τραχεῖα μὲν πρῶτον καὶ
δύσβατος καὶ ἱδρῶτος συχνοῦ καὶ πόνου πλήρης ἡ πρὸς
ἀρετὴν φέρουσα καὶ ἀνάντης ὁδός. Διόπερ οὐ παντὸς οὔτε
προσβῆναι αὐτῇ διὰ τὸ ὄρθιον, οὔτε προσβάντα ῥᾳδίως ἐπὶ
τὸ ἄκρον ἐλθεῖν. Ἄνω δὲ γενομένῳ ὁρᾶν ὑπάρχει ὡς μὲν 15
λεία τε καὶ καλή, ὡς δὲ ῥᾳδία τε καὶ εὔπορος, καὶ τῆς
ἑτέρας ἡδίων τῆς ἐπὶ τὴν κακίαν ἀγούσης, ἣν ἀθρόον εἶναι
λαβεῖν ἐκ τοῦ σύνεγγυς ὁ αὐτὸς οὗτος ποιητὴς ἔφησεν.
Ἐμοὶ μὲν γὰρ δοκεῖ οὐδὲν ἕτερον ἢ προτρέπων ἡμᾶς ἐπ᾽
ἀρετήν, καὶ προκαλούμενος ἅπαντας ἀγαθοὺς εἶναι, ταῦτα 20
διελθεῖν καὶ ὥστε μὴ καταμαλακισθέντας πρὸς τοὺς
πόνους προαποστῆναι τοῦ τέλους. Καὶ μέντοι, καὶ εἴ τις
ἕτερος ἐοικότα τούτοις τὴν ἀρετὴν ὕμνησεν, ὡς εἰς
ταὐτὸν ἡμῖν φέροντας τοὺς λόγους ἀποδεχώμεθα.

---

34. La double correction du texte adoptée par Fernand BOULENGER
ne paraît pas convaincante. Le texte de la CUF repose sur deux
conjectures, à partir d'autres passages du texte (κα⟨τα⟩θεῖναι :
DESROUSSEAUX et τὸν ἕτερον : RAGON). Comme M. NALDINI, on préfère
donc maintenir et traduire ici le texte des manuscrits (absent de l'apparat
de la CUF) : Καὶ ἐπειδήπερ δι᾽ ἀρετῆς ἐπὶ τὸν βίον ἡμῖν καθεῖναι
δεῖ τὸν ἡμέτερον.
35. Cf. Platon, République, II, 377 b, 378 d-e.
36. Cf. Ps.-Platon, Clitophon, 408 d.

V, 1. Et puisque précisément c'est la vertu qui doit nous servir pour nous lancer dans la vie qui est la nôtre[34] et que sur elle, beaucoup d'éloges ont été faits par les poètes, beaucoup aussi par les prosateurs, et beaucoup plus encore par les philosophes, c'est aux livres de cette nature qu'il faut surtout nous appliquer. **2.** L'avantage n'est pas mince, en effet, à ce qu'une certaine familiarité et une certaine habitude de la vertu naissent dans les âmes des jeunes gens, puisque les choses apprises à un tel âge sont immuables par nature, car la malléabilité des âmes leur permet de s'imprimer profondément[35]. **3.** Quel autre dessein Hésiode conçut-il, selon nous, sinon exhorter les jeunes gens à la vertu[36], quand il composa les vers que tout le monde chante, où il dit qu'elle est âpre au début, difficile à pratiquer, et constamment pleine de sueur et de peine, la route escarpée qui mène à la vertu ? **4.** Pour cette raison, il n'appartient pas à tout un chacun de s'engager sur cette route, à cause de sa raideur, ni non plus, une fois engagé, de parvenir sans difficulté jusqu'au sommet. Mais à qui est parvenu jusqu'en haut, il appartient de voir comme elle est plane et belle, comme elle est aisée et praticable, et plus plaisante que l'autre qui conduit au vice, vice dont ce même poète a dit qu'on peut l'obtenir en abondance, car il est à portée de main[37]. **5.** Eh bien, il me semble qu'il n'a dans ce récit d'autre but que de nous exhorter à la vertu et de nous pousser tous à être des hommes de bien, en sorte que nous ne mollissions pas devant les peines et que nous n'abandonnions pas le but par avance. **6.** Et encore, pour tout autre poète qui a célébré la vertu en des termes analogues, recevons ses paroles, en considérant qu'elles vont dans le même sens que nous !

---

37. *Les Travaux et les Jours*, 286-292 (paraphrase). Le mouvement du texte est ici inversé.

Ὡς δ' ἐγώ τινος ἤκουσα δεινοῦ καταμαθεῖν ἀνδρὸς 25
ποιητοῦ διάνοιαν, πᾶσα μὲν ἡ ποίησις τῷ Ὁμήρῳ ἀρετῆς
ἐστιν ἔπαινος, καὶ πάντα αὐτῷ πρὸς τοῦτο φέρει, ὅ τι μὴ
πάρεργον· οὐχ ἥκιστα δὲ ἐν οἷς τὸν στρατηγὸν τῶν
Κεφαλλήνων πεποίηκε, γυμνὸν ἐκ τοῦ ναυαγίου περισωθέντα, πρῶτον μὲν αἰδέσαι τὴν βασιλίδα φανέντα μόνον, 30
τοσούτου δεῖν αἰσχύνην ὀφλῆσαι γυμνὸν ὀφθέντα, ἐπειδήπερ αὐτὸν ἀρετῇ ἀντὶ ἱματίων κεκοσμημένον ἐποίησε·
ἔπειτα μέντοι καὶ τοῖς λοιποῖς Φαίαξι τοσούτου ἄξιον
νομισθῆναι ὥστε ἀφέντας τὴν τρυφὴν ᾗ συνέζων, ἐκεῖνον
ἀποβλέπειν καὶ ζηλοῦν ἅπαντας, καὶ μηδένα Φαιάκων ἐν 35
τῷ τότε εἶναι ἄλλο τι ἂν εὔξασθαι μᾶλλον ἢ Ὀδυσσέα
γενέσθαι, καὶ ταῦτα ἐκ ναυαγίου περισωθέντα. Ἐν τούτοις
γὰρ ἔλεγεν ὁ τοῦ ποιητοῦ τῆς διανοίας ἐξηγητὴς μονονουχὶ
βοῶντα λέγειν τὸν Ὅμηρον ὅτι· Ἀρετῆς ὑμῖν ἐπιμελητέον,
ὦ ἄνθρωποι, ἣ καὶ ναυαγήσαντι συνεκνήχεται καὶ ἐπὶ τῆς 40
χέρσου γενόμενον γυμνὸν τιμιώτερον ἀποδείξει τῶν εὐδαι-
μόνων Φαιάκων. Καὶ γὰρ οὕτως ἔχει. Τὰ μὲν ἄλλα τῶν
κτημάτων οὐ μᾶλλον τῶν ἐχόντων ἢ καὶ οὑτινοσοῦν τῶν
ἐπιτυχόντων ἐστίν, ὥσπερ ἐν παιδιᾷ κύβων τῇδε κἀκεῖσε
μεταβαλλόμενα· μόνη δὲ κτημάτων ἡ ἀρετὴ ἀναφαίρετον, 45
καὶ ζῶντι καὶ τελευτήσαντι παραμένουσα. Ὅθεν δὴ καὶ
Σόλων μοι δοκεῖ πρὸς τοὺς εὐπόρους εἰπεῖν τό·

38. Les candidats sont nombreux, mais les identifications
demeurent très problématiques. Il s'agit peut-être d'une fausse question,
cf. Introduction, p. XV, XXII, XL, LVI-LVIII.
39. Homère, *Od.*, VI, 135 *sq.* Comparer avec Thémistios, *Or.*, 24,
309 a-b. À l'arrière-plan de cette interprétation, Platon, *République*, V,
457 a 6 (à propos de la nudité des épouses des gardiens).

7. Comme je l'ai moi-même entendu dire par un homme habile à pénétrer la pensée des poètes[38], la poésie tout entière est pour Homère un éloge de la vertu, et tout chez lui se rapporte à cela, sauf à n'être qu'un détail secondaire. Cela est vrai en particulier dans les vers où il montre que le général des Céphalléniens, réchappé nu du naufrage, inspire du respect à la princesse, rien qu'en paraissant, loin d'être condamné à la honte pour avoir été vu nu, puisque le poète l'a paré de vertu en guise de vêtements[39] ; **8.** en second lieu, dans les vers où il montre que les autres Phéaciens aussi lui ont accordé assez d'estime pour délaisser la mollesse dans laquelle ils vivaient, regarder cet homme avec admiration et l'envier tous, et que personne parmi les Phéaciens, à ce moment-là, n'aurait rien tant souhaité que devenir Ulysse, et ce, alors même qu'il était rescapé d'un naufrage dans ces conditions[40]. **9.** Car, dans ces vers, disait l'interprète de la pensée du poète, Homère dit presque à grands cris : « Hommes, il faut vous soucier de la vertu, elle qui se sauve à la nage avec le naufragé et, qui, lorsqu'il sera parvenu sur la terre ferme, peut le faire paraître, même nu, plus honorable que les bienheureux Phéaciens ! » **10.** Et il en est bien ainsi. Les autres biens ne sont pas davantage à ceux qui les possèdent qu'au premier venu, ballotés de-ci de-là, comme au jeu de dés[41] ; seule, parmi les biens, la vertu est inaliénable[42], elle demeure, dans la vie comme après la mort. **11.** C'est précisément la raison pour laquelle, je crois, Solon dit à l'endroit des riches :

40. *Od.*, VIII, 248 *sq.*
41. *Cf.* Platon, *République*, X, 604 c.
42. *Cf.* Antisthène, fr. 71, cité par Diogène Laërce, VI, 22.

Ἀλλ᾽ ἡμεῖς αὐτοῖς οὐ διαμειψόμεθα
τῆς ἀρετῆς τὸν πλοῦτον· ἐπεὶ τὸ μὲν ἔμπεδον αἰεί,
χρήματα δ᾽ ἀνθρώπων ἄλλοτε ἄλλος ἔχει.   5ο

Παραπλήσια δὲ τούτοις καὶ τὰ Θεόγνιδος, ἐν οἷς φησι
τὸν θεόν, ὅντινα δὴ καί φησι, τοῖς ἀνθρώποις τὸ τάλαντον
ἐπιρρέπειν ἄλλοτε ἄλλως, « ἄλλοτε μὲν πλουτεῖν, ἄλλοτε
δὲ μηδὲν ἔχειν ».

Καὶ μὴν καὶ ὁ Κεῖός που σοφιστὴς τῶν ἑαυτοῦ συγγραμ-   55
μάτων ἀδελφὰ τούτοις εἰς ἀρετὴν καὶ κακίαν ἐφιλοσό-
φησεν· ᾧ δὴ καὶ αὐτῷ τὴν διάνοιαν προσεκτέον· οὐ γὰρ
ἀπόβλητος ὁ ἀνήρ. Ἔχει δὲ οὕτω πως ὁ λόγος αὐτῷ, ὅσα
ἐγὼ τοῦ ἀνδρὸς τῆς διανοίας μέμνημαι, ἐπεὶ τά γε ῥήματα
οὐκ ἐπίσταμαι, πλήν γε δὴ ὅτι ἁπλῶς οὕτως εἴρηκεν   6ο
ἄνευ μέτρου· ὅτι νέῳ ὄντι τῷ Ἡρακλεῖ κομιδῇ, καὶ
σχεδὸν ταύτην ἄγοντι τὴν ἡλικίαν, ἣν καὶ ὑμεῖς νῦν,
βουλευομένῳ ποτέραν τράπηται τῶν ὁδῶν, τὴν διὰ τῶν
πόνων ἄγουσαν πρὸς ἀρετήν, ἢ τὴν ῥάστην, προσελθεῖν
δύο γυναῖκας, ταύτας δὲ εἶναι Ἀρετὴν καὶ Κακίαν. Εὐθὺς   65
μὲν οὖν καὶ σιωπώσας ἐμφαίνειν ἀπὸ τοῦ σχήματος τὸ
διάφορον. Εἶναι γὰρ τὴν μὲν ὑπὸ κομμωτικῆς διεσκευασ-
μένην εἰς κάλλος, καὶ ὑπὸ τρυφῆς διαρρεῖν, καὶ πάντα
ἑσμὸν ἡδονῆς ἐξηρτημένην ἄγειν· ταῦτά τε οὖν δεικνύναι,

---

43. Célèbre fr. 15 West, souvent cité : cf. par exemple Plutarque,
De prof. in virt., 6, 78 C.
44. Élégies, 157 sq., à propos de Zeus, dont le nom a disparu ici.
45. Prodicos de Céos, sophiste contemporain de Socrate. La même
périphrase savante se trouve chez Clément d'Alexandrie, Pédagogue,
II, 110, 1.
46. L'apologue d'Héraclès au carrefour du vice et de la vertu,
qu'on lit chez Xénophon (Mem., II, 1, 21-34), a donné lieu à une très
importante tradition de réécritures. Cf. Bruno ROCHETTE, « Héraclès à
la croisée des chemins : un topos de la littérature gréco-latine », Les
Études classiques, 66 (1-2), 1998, p. 105-113.

Eh bien ! Nous, nous ne leur échangerons pas la vertu contre la richesse, car la première est toujours stable,
    alors que les biens sont tantôt à un homme, tantôt à un autre[43].

12. Semblables à ces paroles sont aussi celles de Théognis, dans lesquelles il dit que le dieu, quel que soit le dieu dont il parle, pour les hommes fait pencher le plateau de la balance tantôt d'un côté, tantôt de l'autre : tantôt ils sont riches, tantôt ils n'ont rien[44].

13. C'est encore le sophiste de Céos[45] qui, quelque part dans ses écrits, a philosophé sur la vertu et le vice d'une manière cousine des précédents. À lui aussi il faut appliquer notre pensée ; car il n'est pas à rejeter, cet homme-là. **14.** Voici à peu près son récit, autant que je me souvienne de la pensée de notre homme, puisque les mots exacts, je ne les connais pas, si ce n'est qu'il a parlé simplement, comme je le fais, sans faire de vers[46]. Alors qu'Héraclès était tout jeune (il avait à peu près le même âge que vous), tandis qu'il réfléchissait à celle des deux routes à prendre, celle qui conduit péniblement à la vertu ou la plus facile, deux femmes se présentèrent à lui : c'étaient Vertu et Mauvaiseté[47]. **15.** Tout de suite et alors même qu'elles ne disaient rien, leur allure manifestait de façon évidente leur différence. L'une, en effet, à la beauté apprêtée, languissait de mollesse et menait tout un essaim de plaisirs[48] attaché à elle. Voilà ce qu'elle étalait, et,

47. On n'a pas retenu ici la traduction habituelle (le Vice), pour rendre compte de l'allégorie féminine, permise par le genre du mot Κακία en grec.
48. L'expression rappelle Platon, *République*, IX, 573 a ; 574 d (à propos du caractère tyrannique).

καὶ ἔτι πλείω τούτων ὑπισχνουμένην, ἕλκειν ἐπιχειρεῖν 70
τὸν Ἡρακλέα πρὸς ἑαυτήν· τὴν δ᾽ ἑτέραν κατεσκληκέναι,
καὶ αὐχμεῖν, καὶ σύντονον βλέπειν, καὶ λέγειν τοιαῦτα
ἕτερα· ὑπισχνεῖσθαι γὰρ οὐδὲν ἀνειμένον, οὐδὲ ἡδύ, ἀλλ᾽
ἱδρῶτας μυρίους καὶ πόνους καὶ κινδύνους, διὰ πάσης
ἠπείρου τε καὶ θαλάσσης, ἆθλον δὲ τούτων εἶναι θεὸν 75
γενέσθαι, ὡς ὁ ἐκείνου λόγος· ᾗπερ δὴ καὶ τελευτῶντα τὸν
Ἡρακλέα συνέπεσθαι.

VI Καὶ σχεδὸν ἅπαντες ὧν δὴ καὶ λόγος τίς ἐστιν ἐπὶ
σοφίᾳ, ἢ μικρὸν ἢ μεῖζον εἰς δύναμιν ἕκαστος ἐν τοῖς
ἑαυτῶν συγγράμμασιν ἀρετῆς ἔπαινον διεξῆλθον· οἷς πεισ-
τέον καὶ πειρατέον ἐπὶ τοῦ βίου δεικνύναι τοὺς λόγους.
Ὡς ὅ γε τὴν ἄχρι ῥημάτων παρὰ τοῖς ἄλλοις φιλοσοφίαν 5
ἔργῳ βεβαιῶν

οἶος πέπνυται· τοὶ δὲ σκιαὶ ἀίσσουσι.

Καί μοι δοκεῖ τὸ τοιοῦτον παραπλήσιον εἶναι ὥσπερ ἂν
εἰ ζωγράφου θαυμαστόν τι οἷον κάλλος ἀνθρώπου μιμησαμένου, ὁ δὲ αὐτὸς εἴη τοιοῦτος ἐπὶ τῆς ἀληθείας οἷον ἐπὶ 10
τῶν πινάκων ἐκεῖνος ἔδειξεν. Ἐπεὶ τό γε λαμπρῶς μὲν
ἐπαινέσαι τὴν ἀρετὴν εἰς τὸ μέσον, καὶ μακροὺς ὑπὲρ
αὐτῆς ἀποτείνειν λόγους, ἰδίᾳ δὲ τὸ ἡδὺ πρὸ τῆς σωφρο-
σύνης, καὶ τὸ πλέον ἔχειν πρὸ τοῦ δικαίου τιμᾶν, ἐοικέναι
φαίην ἂν ἔγωγε τοῖς ἐπὶ σκηνῆς ὑποκρινομένοις τὰ 15
δράματα· οἳ ὡς βασιλεῖς καὶ δυνάσται πολλάκις εἰσέρ-
χονται, οὔτε βασιλεῖς ὄντες, οὔτε δυνάσται, οὐδὲ μὲν οὖν
τυχὸν ἐλεύθεροι τὸ παράπαν. Εἶτα μουσικὸς μὲν οὐκ ἂν
ἑκὼν δέξαιτο ἀνάρμοστον αὐτῷ τὴν λύραν εἶναι, καὶ χοροῦ

49. Adaptation d'*Odyssée*, X, 495 (à propos de la condition
infernale de l'âme de Tirésias), cité isolément dans la tradition, *cf.*,
en particulier, Platon, *Ménon*, 100 a, pour l'adaptation du vers (οἶος
πέπνυται τῶν ἐν Ἅιδου) dans un contexte très similaire (à propos de
la consistance de la vertu).

50. *Cf.* Platon, *République*, V, 472 d.

renchérissant encore de promesses, elle cherchait à attirer Héraclès à elle. **16.** L'autre était desséchée et sale, elle avait le regard intense, et lui tenait un tout autre langage : elle ne promettait, en effet, ni laisser-aller, ni agrément, mais des sueurs, des peines et des dangers par milliers, partout sur terre et sur mer, mais le prix de ces luttes était de devenir un dieu, selon le récit de cet auteur. Eh bien ! C'est elle, finalement, qu'Héraclès a suivie.

VI, 1. Parmi les auteurs qui ont quelque réputation de sagesse, presque tous ont plus ou moins développé dans leurs écrits, chacun selon ses capacités, un éloge de la vertu ; il faut les en croire, et essayer d'illustrer leurs paroles dans notre vie. **2.** En effet, celui qui donne la consistance de la pratique à la philosophie qui n'existe qu'en paroles chez les autres, celui-là

... seul est plein de sagesse ; les autres sont des ombres bondissantes[49].

3. C'est un peu, me semble-t-il, comme si, un peintre ayant représenté une beauté d'homme admirable entre toutes, son modèle était réellement tel que l'image donnée par le tableau[50]. **4.** Car louer la vertu avec éclat lorsqu'on est en public et développer de longs discours à son sujet, mais, en privé, faire cas du plaisir plutôt que de la tempérance, et de l'avidité plutôt que de la justice, c'est, j'oserais l'affirmer, ressembler aux acteurs qui interprètent les pièces de théâtre. Ceux-là, c'est souvent en rois et en princes qu'ils paraissent, alors qu'ils ne sont ni rois, ni princes, ni même peut-être tout simplement des hommes libres. **5.** Ensuite : un musicien n'accepterait pas volontiers que sa lyre soit désaccordée et un coryphée que

κορυφαῖος μὴ ὅτι μάλιστα συνᾴδοντα τὸν χορὸν ἔχειν· 20
αὐτὸς δέ τις ἕκαστος διαστασιάσει πρὸς ἑαυτόν, καὶ οὐχὶ
τοῖς λόγοις ὁμολογοῦντα τὸν βίον παρέξεται ; ἀλλ᾿ « ἡ
γλῶττα μὲν ὀμώμοκεν, ἡ δὲ φρὴν ἀνώμοτος » κατ᾿ Εὐρι-
πίδην ἐρεῖ ; καὶ τὸ δοκεῖν ἀγαθὸς πρὸ τοῦ εἶναι διώξεται ;
Ἀλλ᾿ οὗτός ἐστιν ὁ ἔσχατος τῆς ἀδικίας ὅρος, εἴ τι δεῖ 25
Πλάτωνι πείθεσθαι, τὸ δοκεῖν δίκαιον εἶναι μὴ ὄντα.

VII Τοὺς μὲν οὖν τῶν λόγων οἳ τὰς τῶν καλῶν ἔχουσιν
ὑποθήκας, οὕτως ἀποδεχόμεθα. Ἐπειδὴ δὲ καὶ πράξεις
σπουδαῖαι τῶν παλαιῶν ἀνδρῶν ἢ μνήμης ἀκολουθίᾳ πρὸς
ἡμᾶς διασῴζονται, ἢ ποιητῶν ἢ συγγραφέων φυλαττόμεναι
λόγοις, μηδὲ τῆς ἐντεῦθεν ὠφελείας ἀπολειπώμεθα. Οἷον, 5
ἐλοιδόρει τὸν Περικλέα τῶν ἐξ ἀγορᾶς τις ἀνθρώπων· ὁ δὲ
οὐ προσεῖχε· καὶ εἰς πᾶσαν διήρκεσαν τὴν ἡμέραν, ὁ μὲν
ἀφειδῶς πλύνων αὐτὸν τοῖς ὀνείδεσιν, ὁ δὲ οὐ μέλον
αὐτῷ. Εἶτα, ἑσπέρας ἤδη καὶ σκότους, ἀπαλλαττόμενον
μόλις ὑπὸ φωτὶ παρέπεμψε Περικλῆς, ὅπως αὐτῷ μὴ 10
διαφθαρείη τὸ πρὸς φιλοσοφίαν γυμνάσιον. Πάλιν τις
Εὐκλείδῃ τῷ Μεγαρόθεν παροξυνθεὶς θάνατον ἠπείλησε
καὶ ἐπώμοσεν· ὁ δὲ ἀντώμοσεν ἦ μὴν ἱλεώσασθαι αὐτὸν καὶ
παύσειν χαλεπῶς πρὸς αὐτὸν ἔχοντα. Πόσου ἄξιον τῶν
τοιούτων τι παραδειγμάτων εἰσελθεῖν τὴν μνήμην, ἀνδρὸς 15
ὑπὸ ὀργῆς ἤδη κατεχομένου ; Τῇ τραγῳδίᾳ γὰρ οὐ πιστευ-

---

51. Toute la séquence VI, 5 est inspirée de Platon, *Gorgias*, 482 b-c.

52. Adaptation d'Euripide, *Hippolyte*, 612 (ἡ γλῶσσ᾿ ὀμώμοχ᾿, ἡ
δὲ φρὴν ἀνώμοτος). L'absence d'élision et l'ajout de la particule μέν
caractérisent déjà la citation isolée de ce vers dans Platon, *Théétète*,
154 d.

53. *République*, II, 361 a.

54. Pour l'anecdote, *cf.* Plutarque, *Vie de Périclès*, 5, 2.

55. *Cf.* Plutarque, *De cohib. ira*, 14, 462 C et *De frat. amic.*, 18,
489 D.

le chœur ne chante pas parfaitement à l'unisson ; alors
chacun sera-t-il en dissentiment avec lui-même, offrira-t-
il le spectacle d'une vie en désaccord avec ses paroles[51] ?
6. Chacun dira-t-il, selon le mot d'Euripide :

La langue a juré, mais le cœur n'a pas juré[52] ?

Cherchera-t-il à paraître bon, au lieu de l'être ? **7.**
Mais c'est le dernier degré de l'injustice, s'il faut en croire
Platon, que de paraître juste, quand on ne l'est pas[53].

VII, 1. Par conséquent, parmi les livres, ceux qui
contiennent les préceptes moraux, nous les accueillerons
dans cet esprit. Mais, puisqu'aussi des conduites vertueuses
des Anciens ont été conservées jusqu'à nous, soit par la
perpétuation de leur souvenir, soit parce qu'elles ont été
gardées par les livres des poètes ou des prosateurs, ne
laissons pas de côté non plus le profit qui s'y trouve. **2.**
Par exemple : un homme de l'agora injuriait Périclès, sans
que lui n'y prêtât attention ; et tout au long de la journée,
ils continuèrent, lui à inonder continuellement Périclès de
reproches, et Périclès à ne pas s'en soucier. **3.** Puis, alors
que le soir était venu et avec lui l'obscurité, et qu'à grand-
peine l'homme finissait par s'en aller, Périclès le fit escorter
à la lueur d'une torche, afin que ne soit pas réduit à néant
son entraînement à la philosophie[54]. **4.** Autre exemple : un
homme irrité contre Euclide de Mégare l'avait menacé de
mort et avait juré de mettre son projet à exécution ; Euclide
jura à son tour, mais de l'apaiser et de lui faire mettre un
terme à ses méchantes dispositions envers lui[55]. **5.** Quel
grand avantage il y a à ce que de tels exemples se présentent
à la mémoire de l'homme déjà pris de colère ! Car il ne faut
pas croire la tragédie quand elle dit sans détour :

τέον « ἁπλῶς » λεγούσῃ « ἐπ' ἐχθροὺς θυμὸς ὁπλίζει
χέρα », ἀλλὰ μάλιστα μὲν μηδὲ διανίστασθαι πρὸς θυμὸν
τὸ παράπαν, εἰ δὲ μὴ ῥάδιον τοῦτο, ἀλλ' ὥσπερ χαλινὸν
αὐτῷ τὸν λογισμὸν ἐμβάλλοντας, μὴ ἐᾶν ἐκφέρεσθαι περαι- 20
τέρω.
    Ἐπαναγάγωμεν δὲ τὸν λόγον αὖθις πρὸς τὰ τῶν
σπουδαίων πράξεων παραδείγματα. Ἔτυπτέ τις τὸν
Σωφρονίσκου Σωκράτην εἰς αὐτὸ τὸ πρόσωπον ἐμπεσὼν
ἀφειδῶς· ὁ δὲ οὐκ ἀντῆρεν, ἀλλὰ παρεῖχε τῷ παροινοῦντι 25
τῆς ὀργῆς ἐμφορεῖσθαι, ὥστε ἐξοιδεῖν ἤδη καὶ ὕπουλον
αὐτῷ τὸ πρόσωπον ὑπὸ τῶν πληγῶν εἶναι. Ὡς δ' οὖν
ἐπαύσατο τύπτων, ἄλλο μὲν οὐδὲν ὁ Σωκράτης ποιῆσαι,
ἐπιγράψαι δὲ τῷ μετώπῳ λέγεται, ὥσπερ ἀνδριάντι τὸν
δημιουργόν, ὁ δεῖνα ἐποίει· καὶ τοσοῦτον ἀμύνασθαι. 30
Ταῦτα σχεδὸν εἰς ταὐτὸν τοῖς ἡμετέροις φέροντα πολλοῦ
ἄξιον εἶναι μιμήσασθαι τοὺς τηλικούτους φημί. Τουτὶ μὲν
γὰρ τὸ τοῦ Σωκράτους ἀδελφὸν ἐκείνῳ τῷ παραγγέλματι,
ὅτι τῷ τύπτοντι κατὰ τῆς σιαγόνος καὶ τὴν ἑτέραν
παρέχειν προσῆκε, τοσούτου δεῖν ἀπαμύνασθαι, τὸ δὲ τοῦ 35
Περικλέους ἢ τὸ Εὐκλείδου τῷ τοὺς διώκοντας ὑπομένειν
καὶ πρᾴως αὐτῶν τῆς ὀργῆς ἀνέχεσθαι, καὶ τῷ τοῖς
ἐχθροῖς εὔχεσθαι τὰ ἀγαθά, ἀλλὰ μὴ ἐπαρᾶσθαι. Ὡς ὅ γε
ἐν τούτοις προπαιδευθεὶς οὐκ ἔτ' ἂν ἐκείνοις ὡς ἀδυνάτοις

56. *Rhésos*, 84 (ἁπλοῦς ἐπ' ἐχθροῖς μῦθος ὁπλίζειν χέρα), sous
une forme doublement adaptée : noter ἁπλῶς pour ἁπλοῦς, sorti du
vers et utilisé avec le verbe introducteur, θυμός à la place de μῦθος.
    57. Pour l'anecdote, *cf.* Ps.-Plutarque, *De lib. educ.*, 14, 10 C ;
comme pour l'exemple d'Euclide, il y a des différences irréductibles.
    58. Adaptation de Mt 5, 39.
    59. Mt 5, 44 en une formulation adaptée aux exemples précédents.

La colère, contre les ennemis, arme la main[56].

Au contraire, il ne faut pas du tout nous laisser entraîner à la colère, et, si ce n'est pas facile, il faut du moins ne pas la laisser s'élancer trop loin, en lui appliquant la raison comme un frein. **6.** Mais ramenons le discours, encore une fois, aux exemples de conduites vertueuses. Quelqu'un frappait en plein visage le fils de Sophronisque, Socrate, en faisant pleuvoir les coups sans répit. Lui, sans faire de résistance, laissait l'ivrogne se rassasier de colère, jusqu'à en avoir le visage tuméfié et meurtri sous les coups. **7.** Lorsque l'homme eut cessé de frapper, Socrate ne fit rien, dit-on, sinon écrire sur son front, comme l'artisan sur une statue : « C'est Untel qui l'a fait ». Et ce fut là toute sa vengeance[57]. Ces exemples qui vont à peu près dans le même sens que nos préceptes, j'affirme qu'il est d'une grande valeur que les gens de votre âge les imitent. **8.** Car l'exemple de Socrate dont je viens de parler est analogue au précepte qui dit que, à celui qui frappe sur la joue, il conviendrait de tendre l'autre joue aussi, bien loin d'en tirer vengeance[58], et l'exemple de Périclès ou d'Euclide l'est au précepte d'endurer les persécuteurs et de supporter leur colère avec douceur, ainsi qu'au précepte de prier pour le bien des ennemis et de ne pas les maudire[59]. **9.** Car celui qui est éduqué préalablement[60] par le biais de ces exemples ne saurait plus se défier de nos préceptes, comme de choses impossibles. **10.** Et je ne voudrais pas

---

60. L'idée de προπαιδεία est due à Platon, *République*, VII, 536 d (l'arithmétique et la géométrie préparent à la dialectique). La notion est utilisée dans la tradition alexandrine pour désigner la culture grecque dans son ensemble, comme préparation à la culture sacrée, juive ou chrétienne.

διαπιστήσειεν. Οὐδ' ἂν παρέλθοιμι τὸ τοῦ 'Αλεξάνδρου, ὃς 40
τὰς θυγατέρας Δαρείου αἰχμαλώτους λαβὼν θαυμαστόν τι
οἷον τὸ κάλλος παρέχειν μαρτυρουμένας οὐδὲ προσιδεῖν
ἠξίωσεν, αἰσχρὸν εἶναι κρίνων τὸν ἄνδρας ἑλόντα γυναικῶν
ἡττηθῆναι. Τουτὶ γὰρ εἰς ταὐτὸν ἐκείνῳ φέρει, ὅτι ὁ
ἐμβλέψας πρὸς ἡδονὴν γυναικί, κἂν μὴ τῷ ἔργῳ τὴν 45
μοιχείαν ἐπιτελέσῃ, ἀλλὰ τῷ γε τὴν ἐπιθυμίαν τῇ ψυχῇ
παραδέξασθαι, οὐκ ἀφίεται τοῦ ἐγκλήματος. Τὸ δὲ τοῦ
Κλεινίου, τῶν Πυθαγόρου γνωρίμων ἑνός, χαλεπὸν πιστεῦ-
σαι ἀπὸ ταὐτομάτου συμβῆναι τοῖς ἡμετέροις, ἀλλ' οὐχὶ
μιμησαμένου σπουδῇ. Τί δὲ ἦν ὃ ἐποίησεν ἐκεῖνος ; 'Εξὸν 50
δι' ὅρκου τριῶν ταλάντων ζημίαν ἀποφυγεῖν, ὃ δὲ ἀπέτισε
μᾶλλον ἢ ὤμοσε, καὶ ταῦτα εὐορκεῖν μέλλων, ἀκούσας ἐμοὶ
δοκεῖν τοῦ προστάγματος τὸν ὅρκον ἡμῖν ἀπαγορεύοντος.

VIII 'Αλλ', ὅπερ ἐξ ἀρχῆς ἔλεγον, πάλιν γὰρ εἰς ταὐτὸν
ἐπανίωμεν, οὐ πάντα ἐφεξῆς παραδεκτέον ἡμῖν, ἀλλ' ὅσα
χρήσιμα. Καὶ γὰρ αἰσχρὸν τῶν μὲν σιτίων τὰ βλαβερὰ
διωθεῖσθαι, τῶν δὲ μαθημάτων ἃ τὴν ψυχὴν ἡμῶν τρέφει
μηδένα λόγον ἔχειν, ἀλλ' ὥσπερ χειμάρρῳ παρασύροντας 5
ἅπαν τὸ προστυχὸν ἐμβάλλεσθαι. Καίτοι τίνα ἔχει λόγον,
κυβερνήτην μὲν οὐκ εἰκῇ τοῖς πνεύμασιν ἐφιέναι, ἀλλὰ
πρὸς ὅρμους εὐθύνειν τὸ σκάφος, καὶ τοξότην κατὰ

---

61. *Cf.* Plutarque, *Vie d'Alexandre*, 21-22,5 et 30. Sur le sens de
cet exemple et son rapport aux valeurs stoïciennes de tempérance et
de continence, *cf.* Jacqueline DE ROMILLY, « Le conquérant et la belle
captive », *Bulletin de l'Association Guillaume Budé*, 1988, p. 3-15.
    62. Réécriture de Mt 5, 28.

laisser de côté non plus l'exemple d'Alexandre : alors
qu'il avait fait prisonnières les filles de Darius, connues
pour leur beauté admirable entre toutes, il ne jugea pas
bon ne serait-ce que de les voir, estimant honteux que
celui qui l'a emporté sur des hommes soit vaincu par
des femmes[61]. **11.** Cet exemple va dans le même sens
que : « Celui qui a jeté les yeux sur une femme avec
concupiscence, même s'il n'a pas accompli l'adultère en
acte, n'échappe pas pour autant à l'accusation, pour avoir
accueilli le désir en son âme[62]. » **12.** Quant à l'exemple de
Clinias, un des disciples de Pythagore, il est difficile de
croire qu'il rencontre nos préceptes par le fait du hasard,
et non pas parce qu'il les a imités intentionnellement.
Qu'a-t-il donc fait, ce personnage ? Alors qu'il pouvait
éviter une amende de trois talents grâce à un serment, il
préféra, lui, payer plutôt que jurer[63], quand bien même
il était en mesure de jurer la vérité, parce qu'il avait
entendu, me semble-t-il, le commandement qui nous
interdit le serment[64].

VIII, 1. Mais revenons à ce que je disais au début,
à savoir qu'il ne faut pas tout accepter en bloc, mais
seulement ce qui est utile. **2.** Il est honteux, en effet,
que, lorsqu'il s'agit d'aliments, on écarte ceux qui sont
nuisibles, mais que, lorsqu'il s'agit de connaissances, on
ne tienne aucun compte de celles qui nourrissent notre
âme, et que, à la manière d'un torrent, on arrache tout ce
qui se présente pour l'engloutir. **3.** Or, comment admettre

---

63. *Cf.* Jamblique, *Vie de Pythagore*, XXVIII, 144 – mais Basile est
seul à donner le nom du personnage.
64. Mt 5, 33-34. Thème apologétique du « larcin des Grecs ».

σκοποῦ βάλλειν, καὶ μὲν δὴ καὶ χαλκευτικόν τινα ἢ τεκτο-
νικὸν ὄντα τοῦ κατὰ τὴν τέχνην ἐφίεσθαι τέλους, ἡμᾶς δὲ 10
καὶ τῶν τοιούτων δημιουργῶν ἀπολείπεσθαι, πρός γε τὸ
συνορᾶν δύνασθαι τὰ ἡμέτερα; Οὐ γὰρ δὴ τῶν μὲν χειρω-
νακτῶν ἔστί τι πέρας τῆς ἐργασίας, τοῦ δὲ ἀνθρωπίνου
βίου σκοπὸς οὐκ ἔστι, πρὸς ὃν ἀφορῶντα πάντα ποιεῖν καὶ
λέγειν χρὴ τόν γε μὴ τοῖς ἀλόγοις παντάπασι προσεοικέναι 15
μέλλοντα· ἢ οὕτως ἂν εἴημεν ἀτεχνῶς κατὰ τῶν πλοίων τὰ
ἀνερμάτιστα, οὐδενὸς ἡμῖν νοῦ ἐπὶ τῶν τῆς ψυχῆς οἰάκων
καθεζομένου, εἰκῇ κατὰ τὸν βίον ἄνω καὶ κάτω περιφερό-
μενοι. Ἀλλ᾽ ὥσπερ ἐν τοῖς γυμνικοῖς ἀγῶσιν, εἰ δὲ βούλει,
τοῖς μουσικῆς, ἐκείνων εἰσὶ τῶν ἀγώνων αἱ μελέται ὧνπερ 20
οἱ στέφανοι, καὶ οὐδείς γε πάλην ἀσκῶν ἢ παγκράτιον εἶτα
κιθαρίζειν ἢ αὐλεῖν μελετᾷ. Οὔκουν ὁ Πολυδάμας γε, ἀλλ᾽
ἐκεῖνος πρὸ τοῦ ἀγῶνος τοῦ Ὀλυμπίασι τὰ ἅρματα ἵστη
τρέχοντα, καὶ διὰ τούτων τὴν ἰσχὺν ἐκράτυνε. Καὶ ὅ γε
Μίλων ἀπὸ τῆς ἀληλειμμένης ἀσπίδος οὐκ ἐξωθεῖτο, ἀλλ᾽ 25
ἀντεῖχεν ὠθούμενος οὐχ ἧττον ἢ οἱ ἀνδριάντες οἱ τῷ
μολύβδῳ συνδεδεμένοι. Καὶ ἀπαξαπλῶς αἱ μελέται αὐτοῖς
παρασκευαὶ τῶν ἄθλων ἦσαν. Εἰ δὲ τὰ Μαρσύου ἢ τὰ
Ὀλύμπου τῶν Φρυγῶν περιειργάζοντο κρούματα, καταλι-

---

65. Dossier d'exemples traditionnels, issus du monde littéraire
de Platon (et d'Aristote), pour illustrer le thème du σκοπός et de sa
réalisation, cf. M. HARL, « Le guetteur et la cible : les deux sens de
σκοπός dans la langue religieuse des chrétiens », REG 74 (1961), p.
450-468.

66. Cf. Gorgias, 507 d.

67. Cf. Platon, Théétète, 144 a et Critias, 109 c.

68. Athlète de Thessalie, célèbre pour ses victoires au pancrace.
Pour l'anecdote, incluse dans une liste de thaumata imputables à
Polydamas, cf. Pausanias VI, 5, 6.

raisonnablement qu'un pilote ne se laisse pas aller au hasard des vents, mais conduise tout droit son vaisseau au port, qu'un archer vise au but, et, encore, qu'un forgeron ou un charpentier tendent vers la fin de leur art, mais que nous, nous soyons inférieurs à de tels artisans[65], quand il s'agit de savoir considérer nos intérêts ? **4.** On ne peut admettre que les travailleurs manuels aient une fin à leur activité et que la vie humaine n'ait pas de but sur lequel celui qui ne veut pas être semblable en tous points aux êtres irrationnels, du moins, doit fixer les yeux dans toutes ses actions et toutes ses paroles[66]. **5.** Autrement nous serions absolument comme les navires dépourvus de lest, sans intelligence assise à la barre de l'âme, ballotés au hasard, dans tous les sens[67], au long de la vie. **6.** Mais, comme dans les compétitions gymniques, ou si l'on veut, les compétitions musicales, les exercices d'entraînement portent sur les disciplines dont on recherche les couronnes. Nul homme qui s'exerce à la lutte ou au pancrace ne pratique ensuite la cithare ou la flûte. **7.** Assurément, ce n'était pas ce que faisait Polydamas[68] : au contraire, avant la compétition à Olympie, il arrêtait les attelages en pleine course, et, par le biais de ces exercices, il affermissait sa force. Milon[69] non plus n'était pas précipité de son bouclier frotté d'huile, mais il résistait à la poussée non moins que les statues qui sont attachées avec du plomb. En un mot, leurs exercices d'entraînement étaient des préparations aux luttes. **8.** S'ils avaient perdu leur temps à travailler les airs de Marsyas ou d'Olympos de Phrygie[70],

---

69. Milon de Crotone, athlète devenu légendaire à cause de sa force extraordinaire : *cf.* Pausanias, VI, 14, 6.

70. *Cf.* Platon, *Banquet*, 215 b-c. Olympos et Marsyas sont des musiciens légendaires à qui la tradition attribue l'invention de l'aulos et du mode phrygien.

πόντες τὴν κόνιν καὶ τὰ γυμνάσια, ταχύ γ' ἂν στεφάνων ἢ   3ο
δόξης ἔτυχον, ἢ διέφυγον τὸ μὴ καταγέλαστοι εἶναι κατὰ
τὸ σῶμα ; Ἀλλ' οὐ μέντοι οὐδ' ὁ Τιμόθεος [τὴν μελῳδίαν
ἀφεὶς ἐν ταῖς παλαίστραις διῆγεν. Οὐ γὰρ ἂν τοσοῦτον
ὑπῆρξεν αὐτῷ διενεγκεῖν ἁπάντων τῇ μουσικῇ, ᾧ γε
τοσοῦτον περιῆν τῆς τέχνης ὥστε καὶ θυμὸν ἐγείρειν διὰ   35
τῆς συντόνου καὶ αὐστηρᾶς ἁρμονίας, καὶ μέντοι καὶ
χαλᾶν καὶ μαλάττειν πάλιν διὰ τῆς ἀνειμένης, ὁπότε βούλοιτο. Ταύτῃ τοι καὶ Ἀλεξάνδρῳ ποτὲ τὸ Φρύγιον ἐπαυλή-
σαντα ἐξαναστῆσαι αὐτὸν ἐπὶ τὰ ὅπλα λέγεται μεταξὺ
δειπνοῦντα, καὶ ἐπαναγαγεῖν πάλιν πρὸς τοὺς συμπότας,   4ο
τὴν ἁρμονίαν χαλάσαντα. Τοσαύτην ἰσχὺν ἔν τε μουσικῇ
καὶ τοῖς γυμνικοῖς ἀγῶσι πρὸς τὴν τοῦ τέλους κτῆσιν ἡ
μελέτη παρέχεται.
    Ἐπεὶ δὲ στεφάνων καὶ ἀθλητῶν ἐμνήσθην, ἐκεῖνοι
μυρία παθόντες ἐπὶ μυρίοις, καὶ πολλαχόθεν τὴν ῥώμην   45
ἑαυτοῖς συναυξήσαντες, πολλὰ μὲν γυμναστικοῖς ἐνιδρώ-
σαντες πόνοις, πολλὰς δὲ πληγὰς ἐν παιδοτρίβου λαβόντες,
δίαιταν δὲ οὐ τὴν ἡδίστην, ἀλλὰ τὴν παρὰ τῶν γυμναστῶν
αἱρούμενοι, καὶ τἆλλα, ἵνα μὴ διατρίβω λέγων, οὕτω
διάγοντες ὡς τὸν πρὸ τῆς ἀγωνίας βίον μελέτην εἶναι τῆς   5ο
ἀγωνίας, τηνικαῦτα ἀποδύονται πρὸς τὸ στάδιον, καὶ
πάντα πονοῦσι καὶ κινδυνεύουσιν, ὥστε κοτίνου λαβεῖν
στέφανον ἢ σελίνου, ἢ ἄλλου τινὸς τῶν τοιούτων, καὶ
νικῶντες ἀναρρηθῆναι παρὰ τοῦ κήρυκος. Ἡμῖν δέ, οἷς
ἆθλα τοῦ βίου πρόκειται οὕτω θαυμαστὰ πλήθει τε καὶ   55
μεγέθει ὥστε ἀδύνατα εἶναι ῥηθῆναι λόγῳ, ἐπ' ἄμφω

---

71. Cf. Platon, République, X, 613 b-c.
72. Cf. Dion de Pruse, Sur la royauté, I, 1 (sur fond du thème
platonicien du pouvoir de la musique).

en délaissant la poussière et les exercices, auraient-
ils eu tôt fait de remporter les couronnes ou la gloire,
ou d'éviter de faire rire de leur condition physique[71] ?
9. Timothéos, non plus, ne délaissait pas la mélodie
pour passer son temps dans les palestres. Car, ce faisant,
il n'aurait pas pu l'emporter à ce point sur tous dans le
domaine de la musique, lui qui possédait une maîtrise si
grande dans cet art qu'il pouvait exciter l'ardeur, par des
accords soutenus et rudes, tout aussi bien que l'apaiser et
l'adoucir de nouveau, par des accords relâchés, quand il
le voulait. **10.** C'est bien grâce à cet art aussi que, un jour
qu'il jouait sur le mode phrygien devant Alexandre, il le
fit se lever pour prendre les armes, dit-on, et ce en plein
repas, et faire demi tour pour revenir auprès des convives,
en relâchant son harmonie[72]. Telle est, en matière de
musique et de compétitions gymniques, la force procurée
par l'entraînement pour parvenir à ses fins. **11.** Puisque
je viens de faire mention des couronnes et des athlètes[73],
ceux-là, après avoir enduré mille et une fatigues et accru
leur vigueur par tous les moyens, après avoir sué sang et
eau dans les travaux gymniques et reçu nombre de coups
de la part du pédotribe, après avoir choisi pour genre
de vie non pas celui qui est le plus agréable, mais celui
qu'enseignent les maîtres de gymnastique, et j'en passe,
pour ne pas m'attarder sur le sujet, après avoir mené ainsi
une existence qui fait de la vie avant la compétition une
préparation à la compétition, ceux-là dis-je, après un tel
entraînement, se déshabillent pour la course, affrontent
toutes les peines et tous les dangers, pour pouvoir
obtenir une couronne d'olivier ou d'ache, ou de tel autre
feuillage, et être proclamés vainqueurs par le héraut. **12.**
Et nous, à qui sont proposés, pour notre vie, des prix si
merveilleux par leur nombre et par leur grandeur qu'ils

καθεύδουσι, καὶ κατὰ πολλὴν διαιτωμένοις ἄδειαν, τῇ ἑτέρᾳ
λαβεῖν τῶν χειρῶν ὑπάρξει ; Πολλοῦ μέντ᾽ ἂν ἄξιον ἦν ἡ
ῥαθυμία τῷ βίῳ, καὶ ὅ γε Σαρδανάπαλος τὰ πρῶτα πάντων
εἰς εὐδαιμονίαν ἐφέρετο, ἢ καὶ ὁ Μαργίτης, εἰ βούλει, ὃν 60
οὔτ᾽ ἀροτῆρα, οὔτε σκαπτῆρα, οὔτε ἄλλο τι τῶν κατὰ τὸν
βίον ἐπιτηδείων εἶναι ῞Ομηρος ἔφησεν, εἰ δὴ ῾Ομήρου
ταῦτα. ᾽Αλλὰ μὴ ἀληθὴς μᾶλλον ὁ τοῦ Πιττακοῦ λόγος, ὃς
χαλεπὸν ἔφησεν ἐσθλὸν ἔμμεναι ; Διὰ πολλῶν γὰρ δὴ τῷ
ὄντι πόνων διεξελθοῦσι μόλις ἂν τῶν ἀγαθῶν ἐκείνων 65
τυχεῖν ἡμῖν περιγένοιτο, ὧν ἐν τοῖς ἄνω λόγοις οὐδὲν
εἶναι παράδειγμα τῶν ἀνθρωπίνων ἐλέγομεν. Οὐ δὴ οὖν
ῥαθυμητέον ἡμῖν, οὐδὲ τῆς ἐν βραχεῖ ῥαστώνης μεγάλας
ἐλπίδας ἀνταλλακτέον, εἴπερ μὴ μέλλοιμεν ὀνείδη τε ἕξειν
καὶ τιμωρίας ὑφέξειν, οὔ τι παρὰ τοῖς ἀνθρώποις ἐνθάδε 70
(καίτοι καὶ τοῦτο οὐ μικρὸν τῷ γε νοῦν ἔχοντι), ἀλλ᾽ ἐν
τοῖς, εἴτε ὑπὸ γῆν, εἴτε καὶ ὅπου δὴ τοῦ παντὸς ὄντα
τυγχάνει, δικαιωτηρίοις. ῾Ως τῷ μὲν ἀκουσίως τοῦ προσή-
κοντος ἁμαρτόντι κἂν συγγνώμη τις ἴσως παρὰ τοῦ Θεοῦ
γένοιτο· τῷ δὲ ἐξεπίτηδες τὰ χείρω προελομένῳ οὐδε- 75
μία παραίτησις τὸ μὴ οὐχὶ πολλαπλασίῳ τὴν κόλασιν
ὑποσχεῖν.

IX Τί οὖν ποιῶμεν ; φαίη τις ἄν. Τί ἄλλο γε ἢ τῆς
ψυχῆς ἐπιμέλειαν ἔχειν, πᾶσαν σχολὴν ἀπὸ τῶν ἄλλων
ἄγοντας ; Οὐ δὴ οὖν τῷ σώματι δουλευτέον, ὅτι μὴ πᾶσα
ἀνάγκη· ἀλλὰ τῇ ψυχῇ τὰ βέλτιστα ποριστέον, ὥσπερ ἐκ

---

73. La structure de la séquence VIII, 11-12 rappelle 1 Co 9, 24-26.

74. Allusion à la prouesse de Polydamas ?

75. Le roi d'Assyrie Sardanapale passe pour le débauché par excellence dans la tradition grecque.

76. *Cf. Margitès*, fr. 2. Comparer avec Clément d'Alexandrie, *Stromate*, I, IV, 25, 1 pour l'expression de la réserve à l'égard de l'authenticité.

77. Le mot est cité dans Platon, *Protagoras*, 339 c.

78. *Cf.* Platon, *Phèdre*, 249 a.

sont inexprimables, nous pourrons les saisir d'une seule main[74] en dormant sur nos deux oreilles et en vivant en toute sécurité ? **13.** La nonchalance serait alors d'une grande valeur pour la vie, et Sardanapale[75] remporterait le premier rang toutes catégories confondues pour le bonheur, ou encore Margitès, si l'on veut, qui n'était ni laboureur, ni vigneron, ni d'aucun métier qui soit utile à la vie, comme l'a dit Homère, si tout cela est bien d'Homère[76]. **14.** Mais, n'est-il pas plus vrai, le mot de Pittacos, qui a dit qu'il est difficile d'être valeureux[77] ? En effet, quand bien même nous passerions véritablement par beaucoup de peines, nous obtiendrions difficilement ce dont nous disions plus haut qu'il n'existe aucun exemple parmi les choses humaines. **15.** Par conséquent, il ne faut pas que nous vivions dans le relâchement, et que nous échangions de grandes espérances contre la facilité de courte durée, si du moins nous ne voulons pas encourir de blâme et recevoir de châtiment, non pas de la part des hommes, ici-bas, encore que cela ne soit pas peu de chose pour qui a du bon sens, mais dans les tribunaux, qu'ils soient sous terre[78], ou dans n'importe quelle partie de l'Univers. **16.** Car, pour celui qui a manqué involontairement à son devoir, il se peut qu'il y ait quelque pardon auprès de Dieu ; mais pour celui qui a choisi le mal en toute connaissance de cause, il n'est point d'excuse pour ne pas subir le châtiment au centuple.

IX, 1. « Que faut-il donc que nous fassions ? », dira-t-on. Quoi d'autre, sinon prendre soin de notre âme, en soldant complètement tout le reste ? Ainsi donc, il ne faut pas être esclave du corps[79], sauf absolue nécessité,

---

79. *Cf.* Platon, *Phédon*, 64 d-e ; 67 c ; 82 d ; 107 c ; 115 b.

δεσμωτηρίου τῆς πρὸς τὰ τοῦ σώματος πάθη κοινωνίας 5
αὐτὴν διὰ φιλοσοφίας λύοντας, ἅμα δὲ καὶ τὸ σῶμα τῶν
παθῶν κρεῖττον ἀπεργαζομένους, γαστρὶ μέν γε τὰ ἀναγ-
καῖα ὑπηρετοῦντας, οὐχὶ τὰ ἥδιστα, ὡς οἵ γε τραπεζο-
ποιούς τινας καὶ μαγείρους περινοοῦντες, καὶ πᾶσαν
διερευνώμενοι γῆν τε καὶ θάλασσαν, οἷόν τινι χαλεπῷ 10
δεσπότῃ φόρους ἀπάγοντες, ἐλεεινοὶ τῆς ἀσχολίας, τῶν ἐν
ᾅδου κολαζομένων οὐδὲν πάσχοντες ἀνεκτότερον, ἀτεχνῶς
εἰς πῦρ ξαίνοντες, καὶ κοσκίνῳ φέροντες ὕδωρ, καὶ εἰς
τετρημένον ἀντλοῦντες πίθον, οὐδὲν πέρας τῶν πόνων
ἔχοντες. Κουρὰς δὲ καὶ ἀμπεχόνας ἔξω τῶν ἀναγκαίων 15
περιεργάζεσθαι, ἢ δυστυχούντων ἐστί, κατὰ τὸν Διογένους
λόγον, ἢ ἀδικούντων. Ὥστε καλλωπιστὴν εἶναι καὶ
ὀνομάζεσθαι ὁμοίως αἰσχρὸν ἡγεῖσθαί φημι δεῖν τοὺς
τοιούτους ὡς τὸ ἑταιρεῖν ἢ ἀλλοτρίοις γάμοις ἐπιβουλεύειν.
Τί γὰρ ἂν διαφέροι, τῷ γε νοῦν ἔχοντι, ξυστίδα ἀναβεβλῆ- 20
σθαι, ἤ τι τῶν φαύλων ἱμάτιον φέρειν, ἕως ἂν μηδὲν
ἐνδέῃ τοῦ πρὸς χειμῶνά τε εἶναι καὶ θάλπος ἀλεξητήριον ;
Καὶ τἆλλα δὴ τὸν αὐτὸν τρόπον μὴ περιττότερον τῆς
χρείας κατεσκευάσθαι, μηδὲ περιέπειν τὸ σῶμα πλέον ἢ
ὡς ἄμεινον τῇ ψυχῇ. Οὐχ ἧττον γὰρ ὄνειδος ἀνδρί, τῷ γε 25
ὡς ἀληθῶς τῆς προσηγορίας ταύτης ἀξίῳ, καλλωπιστὴν
καὶ φιλοσώματον εἶναι, ἢ πρὸς ἄλλο τι τῶν παθῶν ἀγεννῶς
διακεῖσθαι. Τὸ γὰρ τὴν πᾶσαν σπουδὴν εἰσφέρεσθαι ὅπως
ὡς κάλλιστα αὐτῷ τὸ σῶμα ἕξοι οὐ διαγινώσκοντός ἐστιν

80. *Phédon*, 62 b ; 67 a-d.

81. Lieu commun de la diatribe : *cf.* Musonius, p. 102 Hense ; Sénèque, *Ep.*, 119 ; Clément d'Alexandrie, *Pédagogue*, II, 1, 4 (la nourriture a pour fin la conservation et non le plaisir) ; Musonius, p. 103-104 Hense, Clément d'Alexandrie, *Pédagogue*, II, 5, 1-2 pour l'idée que « le corps, par nature, ne tire aucun profit de la magnificence des mets ». Les thèmes abordés dans le chapitre IX sont en général des thèmes de la morale commune.

82. *Cf.* Platon, *Gorgias*, 493 b.

83. *Cf.* Diogène Laërce, VI, 54.

84. Comparer avec Dion de Pruse, *Or.,* 6, 14.

2. mais il faut procurer à l'âme ce qu'il y a de mieux, en la libérant de la participation aux passions du corps, comme d'une prison, par la philosophie[80], et, en même temps, en rendant le corps plus fort que les passions, en fournissant au ventre le nécessaire, et non le plus agréable[81], comme ceux qui ne rêvent que d'esclaves chargés de dresser la table et de cuisiniers, et qui fouillent la terre et la mer tout entières, comme s'ils s'acquittaient de contributions envers un maître terrible, pitoyables à voir dans leur affairement, car ils endurent des tourments qui ne sont en rien plus supportables que ceux qui sont punis dans l'Hadès, parce qu'ils cardent tout bonnement pour le feu, transportent de l'eau dans un crible, puisent pour remplir un tonneau percé et n'ont pas de fin à leurs peines[82]. **3.** Pendre un soin superflu des coupes de cheveux et des vêtements, en dehors du nécessaire, c'est le fait d'hommes malheureux, selon le mot de Diogène, ou bien de criminels[83]. C'est pourquoi j'affirme qu'il faut que des gens tels que vous considèrent qu'il est aussi honteux d'aimer se faire beau et d'en avoir la réputation que de se prostituer ou de conspirer contre le mariage d'autrui. **4.** En effet, quelle différence pourrait-il y avoir, du moins pour qui a du bon sens, entre se draper d'une tunique et porter un vêtement grossier, du moment que le vêtement ne manque pas de remplir sa fonction de protection contre l'hiver et contre l'été[84] ? Et, pour le reste, de la même manière, il ne faut pas s'équiper de plus de choses que de besoin, et ne pas s'occuper du corps plus qu'il n'est bon pour l'âme. **5.** Car il n'y a pas moins à reprocher à un homme, du moins à l'homme digne de ce nom[85], d'aimer

85. Sur ce chapitre, *cf.* par exemple, Épictète, *Entretiens*, III, 1 (Περὶ καλλωπισμοῦ).

ἑαυτόν, οὐδὲ συνιέντος τοῦ σοφοῦ παραγγέλματος, ὅτι οὐ 30
τὸ ὁρώμενόν ἐστιν ὁ ἄνθρωπος, ἀλλά τινος δεῖ περιττο-
τέρας σοφίας, δι᾽ ἧς ἕκαστος ἡμῶν ὅστις ποτέ ἐστιν
ἑαυτὸν ἐπιγνώσεται. Τοῦτο δὲ μὴ καθηραμένοις τὸν νοῦν
ἀδυνατώτερον ἢ λημῶντι πρὸς τὸν ἥλιον ἀναβλέψαι.
Κάθαρσις δὲ ψυχῆς, ὡς ἀθρόως τε εἰπεῖν καὶ ὑμῖν ἱκανῶς, 35
τὰς διὰ τῶν αἰσθήσεων ἡδονὰς ἀτιμάζειν· μὴ ὀφθαλμοὺς
ἑστιᾶν ταῖς ἀτόποις τῶν θαυματοποιῶν ἐπιδείξεσιν, ἢ
σωμάτων θέαις ἡδονῆς κέντρον ἐναφιέντων, μὴ διὰ τῶν
ὤτων διεφθαρμένην μελῳδίαν τῶν ψυχῶν καταχεῖν. Ἀνε-
λευθερίας γὰρ δὴ καὶ ταπεινότητος ἔκγονα πάθη ἐκ τοῦ 40
τοιοῦδε τῆς μουσικῆς εἴδους ἐγγίνεσθαι πέφυκεν. Ἀλλὰ
τὴν ἑτέραν μεταδιωκτέον ἡμῖν, τὴν ἀμείνω τε καὶ εἰς
ἄμεινον φέρουσαν, ᾗ καὶ Δαβὶδ χρώμενος, ὁ ποιητὴς τῶν
ἱερῶν ᾀσμάτων, ἐκ τῆς μανίας, ὥς φασι, τὸν βασιλέα
καθίστη. Λέγεται δὲ καὶ Πυθαγόραν, κωμασταῖς περιτυ- 45
χόντα μεθύουσι, κελεῦσαι τὸν αὐλητὴν τὸν τοῦ κώμου
κατάρχοντα, μεταβαλόντα τὴν ἁρμονίαν, ἐπαυλῆσαί σφισι
τὸ Δώριον· τοὺς δὲ οὕτως ἀναφρονῆσαι ὑπὸ τοῦ μέλους
ὥστε τοὺς στεφάνους ῥίψαντας, αἰσχυνομένους ἐπανελθεῖν.
Ἕτεροι δὲ πρὸς αὐλὸν κορυβαντιῶσι καὶ ἐκβακχεύονται. 50

---

86. Cette séquence se situe dans la tradition du *Premier Alcibiade*,
131 a-c. Le sage précepte dont il est question n'est autre que le
« Connais-toi toi-même ». Sur ce point, *cf.* Pierre COURCELLE, *Connais-
toi toi-même. De Socrate à Saint Bernard*, t. 1, Paris, 1974, part. p.
97-111.
   87. *Cf.* Platon, *Phédon*, 65 c-e.
   88. *Cf.* Platon, *République*, IX, 573 a.
   89. *Cf.* Platon, *République*, III, 411 a (pour cette expression et
pour le thème en général).

se faire beau et de prendre soin de sa personne que d'être lâchement porté à quelque autre passion. **6.** Car mobiliser tout son effort pour que le corps ait le plus bel attrait, ce n'est pas le fait de quelqu'un qui se connaît lui-même et qui connaît le sage précepte qui dit que l'homme n'est pas ce que l'on voit, mais qu'il est besoin de quelque sagesse plus haute, qui permette à chacun de nous, quel qu'il soit, de se connaître lui-même[86]. **7.** Mais, cela, à ceux qui n'ont pas purifié leur intelligence, il est impossible de le faire, plus encore que de regarder le soleil, à celui qui a les yeux chassieux. Et la purification de l'âme, pour le dire en un mot et d'une façon qui vous suffise, c'est ne pas faire cas des plaisirs des sens[87] ; ne pas repaître ses yeux des exhibitions inconvenantes des charlatans, ou de spectacles de corps qui introduisent en nous l'aiguillon du plaisir[88] ; ne pas verser dans les âmes, par le biais des oreilles, une mélodie dissolue[89]. **8.** Car des passions, filles de la grossièreté et de la bassesse, naissent naturellement en nous d'une telle forme de musique. Au contraire, il nous faut rechercher l'autre forme de musique, celle qui est la meilleure et qui nous porte vers le meilleur, celle qu'utilisait précisément David, l'auteur des saints chants, pour faire sortir le roi, dit-on, de sa folie[90]. **9.** On dit aussi que Pythagore, tombant sur un cortège de fêtards ivres, ordonna que l'aulète qui menait le cortège changeât de mélodie pour leur jouer le mode dorien ; et eux recouvrèrent leur bon sens au son de la musique, si bien qu'ils jetèrent leurs couronnes, et retournèrent sur leur pas, pleins de honte[91] ; mais d'autres, aux accents du hautbois, font les Corybantes et les Bacchants.

---

90. Exploitation de 1 Règnes 16, 14-23 ; 1 Règnes 18, 10.
91. Basile est le seul témoin de cette anecdote. Pour un épisode approchant, *cf.* Galien, *De plac. Hippocr. et Plat.*, 5, 473.

Τοσοῦτόν ἐστι τὸ διάφορον ὑγιοῦς ἢ μοχθηρᾶς μελῳδίας ἀναπλησθῆναι. Ὥστε τῆς νῦν δὴ κρατούσης ταύτης ἧττον ὑμῖν μεθεκτέον ἢ οὑτινοσοῦν τῶν προδήλως αἰσχίστων. Ἀτμούς γε μὴν παντοδαποὺς ἡδονὴν ὀσφρήσει φέροντας τῷ ἀέρι καταμιγνύναι, ἢ μύροις ἑαυτοὺς ἀναχρώννυσθαι, 55 καὶ ἀπαγορεύειν αἰσχύνομαι. Τί δ᾽ ἄν τις εἴποι περὶ τοῦ μὴ χρῆναι τὰς ἐν ἁφῇ καὶ γεύσει διώκειν ἡδονάς, ἢ ὅτι καταναγκάζουσιν αὗται τοὺς περὶ τὴν ἑαυτῶν θήραν ἐσχολακότας, ὥσπερ τὰ θρέμματα, πρὸς τὴν γαστέρα καὶ τὰ ὑπ᾽ αὐτὴν συννενευκότας ζῆν;   60

Ἑνὶ δὲ λόγῳ, παντὸς ὑπεροπτέον τοῦ σώματος τῷ μὴ ὡς ἐν βορβόρῳ ταῖς ἡδοναῖς αὐτοῦ κατορωρύχθαι μέλλοντι, ἢ τοσοῦτον ἀνθεκτέον αὐτοῦ ὅσον, φησὶ Πλάτων, ὑπηρεσίαν φιλοσοφίᾳ κτωμένους, ἐοικότα που λέγων τῷ Παύλῳ, ὃς παραινεῖ μηδεμίαν χρῆναι τοῦ σώματος 65 πρόνοιαν ἔχειν εἰς ἐπιθυμιῶν ἀφορμήν. Ἢ τί διαφέρουσιν οἳ τοῦ μὲν σώματος, ὡς ἂν κάλλιστα ἔχοι, φροντίζουσι, τὴν δὲ χρησομένην αὐτῷ ψυχὴν ὡς οὐδενὸς ἀξίαν περιορῶσι, τῶν περὶ τὰ ὄργανα σπουδαζόντων, τῆς δὲ δι᾽ αὐτῶν ἐνεργούσης τέχνης καταμελούντων; Πᾶν μὲν οὖν 70 τοὐναντίον κολάζειν αὐτὸ καὶ κατέχειν, ὥσπερ θηρίου τὰς ὁρμάς, προσῆκε καὶ τοὺς ἀπ᾽ αὐτοῦ θορύβους ἐγγινομένους τῇ ψυχῇ οἱονεὶ μάστιγι τῷ λογισμῷ καθικνουμένους κοιμίζειν, ἀλλὰ μὴ πάντα χαλινὸν ἡδονῆς ἀνέντας περιορᾶν τὸν νοῦν ὥσπερ ἡνίοχον ὑπὸ δυσηνίων ἵππων 75

92. Le lien entre le ventre et l'animalité est un thème important de la diatribe : cf. Musonius, p. 103-104 Hense ; Épictète, *Entretiens*, II, 9, 4-7 ; Clément d'Alexandrie, *Pédagogue*, II, 5, 1-2.

93. *Cf.* Platon, *République*, VII, 533 d. Sur ce thème, il existe un excellent article de M. AUBINEAU, « Le thème du bourbier dans la littérature grecque profane et chrétienne », *Recherches patristiques*, Amsterdam, 1974, p. 225-254.

94. Platon, *République*, VI, 498 b.

95. Rm 13, 14.

10. Tant il est différent d'être rempli d'une mélodie saine
ou d'une mélodie perverse. C'est pourquoi il vous faut
prendre part à la musique aujourd'hui à la mode moins
encore qu'à n'importe laquelle des choses qui sont les
plus manifestement honteuses. Quant à vous interdire de
mêler à l'air les vapeurs variées qui apportent du plaisir
par l'odorat, ou de vous recouvrir de parfums, je rougis
rien qu'à le faire. **11.** Que pourrait-on dire pour vous
détourner des plaisirs du toucher et du goût, sinon qu'ils
contraignent ceux qui vaquent à leur poursuite à vivre
penchés, comme les bestiaux, vers le ventre et le bas-
ventre[92] ? **12.** En un mot, il faut que celui qui ne veut pas
être enfoncé dans ses plaisirs comme dans un bourbier[93]
méprise le corps tout entier, ou bien que nous nous
attachions à lui seulement dans la mesure où, dit Platon,
nous acquérons une aide pour la philosophie[94], tenant
en cela un discours assez semblable à Paul, qui avertit
qu'il ne faut pas se soucier du corps pour en alimenter
les convoitises[95]. **13.** Ou bien, quelle est la différence
entre ceux qui se soucient du corps et de sa beauté,
mais qui méprisent l'âme qui se sert de lui comme étant
sans valeur, et ceux qui s'intéressent aux outils, mais
négligent l'art qui agit par eux[96] ? **14.** Tout au contraire,
il conviendrait de châtier et de contenir le corps, comme
les assauts d'une bête sauvage, et de calmer les troubles
qu'il provoque dans l'âme en les frappant avec la raison,
comme avec un fouet, au lieu de voir avec indifférence,
en lâchant complètement la bride au plaisir, notre
intelligence emportée, pareille à un cocher entraîné par
des chevaux indociles dans un transport de fougue[97] ;

96. À l'arrière-plan, l'image du corps instrument de l'âme, *cf.*
Premier Alcibiade, 129 e ; 130 a.
    97. *Cf.* Platon, *Phèdre*, 246 a ; 247 b ; 253 c-d.

ὕβρει φερομένων παρασυρόμενον ἄγεσθαι· καὶ τοῦ Πυθαγόρου μεμνῆσθαι, ὃς τῶν συνόντων τινὰ καταμαθὼν
γυμνασίοις τε καὶ σιτίοις ἑαυτὸν εὖ μάλα κατασαρκοῦντα·
« Οὗτος, ἔφη, οὐ παύσῃ χαλεπώτερον σεαυτῷ κατασκευά-
ζων τὸ δεσμωτήριον ;» Διὸ δὴ καὶ Πλάτωνά φασι, τὴν ἐκ 80
σώματος βλάβην προειδόμενον, τὸ νοσῶδες χωρίον τῆς
Ἀττικῆς τὴν Ἀκαδημίαν καταλαβεῖν ἐξεπίτηδες, ἵνα τὴν
ἄγαν εὐπάθειαν τοῦ σώματος, οἷον ἀμπέλου τὴν εἰς τὰ
περιττὰ φοράν, περικόπτοι. Ἐγὼ δὲ καὶ σφαλερὰν εἶναι
τὴν ἐπ' ἄκρον εὐεξίαν ἰατρῶν ἤκουσα.   85

Ὅτε τοίνυν ἡ ἄγαν αὕτη τοῦ σώματος ἐπιμέλεια αὐτῷ
τε ἀλυσιτελὴς τῷ σώματι, καὶ πρὸς τὴν ψυχὴν ἐμπόδιόν
ἐστι, τό γε ὑποπεπτωκέναι τούτῳ καὶ θεραπεύειν μανία
σαφής. Ἀλλὰ μὴν εἰ τούτου γε ὑπερορᾶν μελετήσαιμεν,
σχολῇ γ' ἂν ἄλλο τι τῶν ἀνθρωπίνων θαυμάσαιμεν. Τί γὰρ 90
ἔτι χρησόμεθα πλούτῳ, τὰς διὰ τοῦ σώματος ἡδονὰς
ἀτιμάζοντες ; Ἐγὼ μὲν οὐχ ὁρῶ, πλὴν εἰ μή, κατὰ τοὺς
ἐν τοῖς μύθοις δράκοντας, ἡδονήν τινα φέροι θησαυροῖς
κατορωρυγμένοις ἐπαγρυπνεῖν. Ὅ γε μὴν ἐλευθερίως πρὸς
τὰ τοιαῦτα διακεῖσθαι πεπαιδευμένος πολλοῦ ἂν δέοι 95
ταπεινόν τι καὶ αἰσχρὸν ἔργῳ ἢ λόγῳ ποτὲ προελέσθαι. Τὸ
γὰρ τῆς χρείας περιττότερον, κἂν Λύδιον ᾖ ψῆγμα, κἂν
τῶν μυρμήκων ἔργον τῶν χρυσοφόρων, τοσούτῳ πλέον
ἀτιμάσει ὅσῳπερ ἂν ἧττον προσδέηται· αὐτὴν δὲ δήπου
τὴν χρείαν τοῖς τῆς φύσεως ἀναγκαίοις, ἀλλ' οὐ ταῖς 100
ἡδοναῖς ὁριεῖται. Ὡς οἵ γε τῶν ἀναγκαίων ὅρων ἔξω

98. Comp. Porphyre, *De abstinentia* I, 36.
99. On le trouve dans les *Aphorismes* d'Hippocrate, I, 3.
100. *Cf.* Platon, *République*, III, 407 b-c.
101. La fonction lui est dévolue par jeu étymologique (δράκων
rapproché de δέρκομαι « regarder, surveiller » qui fait à l'aoriste
ἔδρακον). Sur le thème, M. P. NILSSON, « The Dragon on the
Treasure », *American Journal of Philology* 68 (3), 1947, p. 302-309.
Thème connu et sans doute scolaire : Phèdre, *Fables ésopiques*, IV, 21 ;
Artémidore, *La Clé des songes*, II, 13 ; Macrobe, *Saturnales*, I, 20, 3.

15. et il conviendrait de se souvenir de Pythagore, qui, voyant que l'un de ses disciples prenait vraiment de la corpulence, à cause des exercices physiques et de la nourriture, lui dit : « Eh l'homme ! Ne vas-tu pas cesser de te rendre à toi-même la prison plus pénible ? » **16.** C'est pourquoi, précisément, on dit que Platon, prenant ses précautions contre les nuisances du corps, s'installa à dessein dans la région malsaine de l'Attique, à l'Académie[98], afin de retrancher l'excès de bien-être de son corps, comme on élague une vigne de son surplus. Moi-même, j'ai entendu des médecins dire qu'un excès de vigueur est dangereux pour la santé[99]. **17.** Eh bien, puisque le souci excessif du corps dont nous venons de parler ne profite pas au corps lui-même, et fait obstacle à l'âme, se trouver au pouvoir du corps, être à son service, est clairement de la folie[100]. Mais, au contraire, si nous étions exercés à le mépriser, nous ne serions guère en admiration devant quoi que ce soit des choses humaines. **18.** En effet, que nous servira encore la richesse, si nous ne faisons aucun cas des plaisirs du corps ? Pour ma part, je ne le vois pas, sauf si, comme les dragons des fables, nous pouvions trouver du plaisir à veiller sur des trésors ensevelis[101]. **19.** Celui qui a été formé à regarder en homme libre ce genre de choses, serait bien loin de choisir jamais de faire ou de dire quelque chose de bas et de honteux. Quant à ce qui passe le besoin, même s'il s'agit de la poussière de Lydie[102], même s'il s'agit de l'œuvre des fourmis chrysophores[103], on le méprisera d'autant plus qu'on en aura moins besoin ; et le besoin lui-même, il va

---

102. Allusion à l'or du fleuve Pactole, même expression dans Clément d'Alexandrie, *Pédagogue*, III, 11, 56.
103. *Cf.* Hérodote, III, 102, qui rapporte qu'en Inde ce sont des fourmis plus grandes que des renards qui extraient l'or de la terre.

γενόμενοι, παραπλησίως τοῖς κατὰ τοῦ πρανοῦς φερο-
μένοις, πρὸς οὐδὲν στάσιμον ἔχοντες ἀποβῆναι, οὐδαμοῦ
τῆς εἰς τὸ πρόσω φορᾶς ἵστανται· ἀλλ' ὥσπερ ἂν πλείω
προσπεριβάλωνται, τοῦ ἴσου δέονται ἢ καὶ πλείονος πρὸς 105
τὴν τῆς ἐπιθυμίας ἐκπλήρωσιν, κατὰ τὸν Ἐξηκεστίδου
Σόλωνα, ὅς φησι·

Πλούτου δ' οὐδὲν τέρμα πεφασμένον ἀνδράσι κεῖται.

Τῷ δὲ Θεόγνιδι πρὸς ταῦτα διδασκάλῳ χρηστέον λέγοντι·

Οὐκ ἔραμαι πλουτεῖν, οὔτ' εὔχομαι, ἀλλά μοι εἴη 110
ζῆν ἀπὸ τῶν ὀλίγων, μηδὲν ἔχοντι κακόν.

Ἐγὼ δὲ καὶ Διογένους ἄγαμαι τὴν πάντων ὁμοῦ τῶν
ἀνθρωπίνων ὑπεροψίαν, ὅς γε καὶ βασιλέως τοῦ μεγάλου
ἑαυτὸν ἀπέφηνε πλουσιώτερον, τῷ ἐλαττόνων ἢ ἐκεῖνος
κατὰ τὸν βίον προσδεῖσθαι. Ἡμῖν δὲ ἄρα εἰ μὴ τὰ Πυθίου 115
τοῦ Μυσοῦ προσείη τάλαντα, καὶ πλέθρα γῆς τόσα καὶ
τόσα, καὶ βοσκημάτων ἐσμοὶ πλείους ἢ ἀριθμῆσαι, οὐδὲν
ἐξαρκέσει; Ἀλλ', οἶμαι, προσήκει ἀπόντα τε μὴ ποθεῖν
Φειδίας μὲν καὶ Πολύκλειτος, εἰ τῷ χρυσίῳ μέγα ἐφρόνουν
καὶ τῷ ἐλέφαντι ὧν ὁ μὲν Ἠλείοις τὸν Δία, ὁ δὲ τὴν 125

---

104. Comparer avec Plutarque, *De l'amour des richesses*, 4, 524 F.

105. L'image est traditionnelle : Épictète, *Manuel*, 39 ; Grégoire
de Nysse, *Vie de Moïse*, II, 224, *GNO* VII, 1, p. 112 (en lien avec
l'épectase) ; *Discours catéchétique* VI, *GNO* III, 4, p. 25 ; *Homélies sur
les béatitudes*, II, *GNO* VII, 2 p. 94.

106. Solon, fr. 13, 71, cité par Plutarque, *De l'amour des richesses*,
4, 524 F.

107. *Élégies*, 1155-1156,

108. *Cf.* Dion de Pruse, *Diogène ou sur la tyrannie*, 6-7.

109. Sur Pythios, hôte de Xerxès et figure de l'extrême richesse,
cf. Hérodote, VII, 27-28.

de soi qu'on le bornera aux nécessités de la nature, et non pas aux plaisirs[104]. **20.** Car ceux qui ont dépassé les bornes du nécessaire, tout comme ceux qui sont entraînés sur une pente, quand ils n'ont rien où s'immobiliser, ne cessent jamais leur course en avant[105] ; au contraire, c'est dans la mesure où ils accumuleront davantage de biens autour d'eux, oui, c'est dans cette mesure, voire davantage, qu'il leur manquera de quoi rassasier leur convoitise, selon le mot du fils d'Exékestidès, Solon, qui dit :

Aucune borne à la richesse n'a été établie pour les hommes[106].

Sur ce sujet, il faut faire de Théognis notre maître, quand il dit :

Je ne désire pas être riche, ni ne le souhaite, mais qu'il me soit permis de vivre de peu, sans avoir aucun mal[107].

21. Pour ma part, chez Diogène aussi, j'admire le mépris de toutes les choses humaines sans distinction, Diogène qui s'est déclaré plus riche que le Grand Roi lui-même, de ce que pour vivre, il avait besoin de moins que lui[108]. **22.** Et nous, donc, si nous ne pouvons pas posséder les talents de Pythios de Mysie[109], des arpents de terre tant et tant, et des essaims de bestiaux à ne plus savoir les compter, rien ne nous satisfera ? Mais, à mon avis, il ne faut pas désirer la richesse, quand elle est absente, et quand elle est présente, il faut moins s'enorgueillir de l'avoir acquise que d'en faire bon usage. **23.** Car l'attitude de Socrate est bonne, qui, alors qu'un homme riche s'enorgueillissait de ses biens, lui dit qu'il

Ἥραν Ἀργείοις ἐποιησάτην, καταγελάστω ἂν ἤστην
ἀλλοτρίῳ πλούτῳ καλλωπιζόμενοι, ἀφέντες τὴν τέχνην,
ὑφ᾽ ἧς καὶ ὁ χρυσὸς ἡδίων καὶ τιμιώτερος ἀπεδείχθη·
ἡμεῖς δέ, τὴν ἀνθρωπείαν ἀρετὴν οὐκ ἐξαρκεῖν ἑαυτῇ πρὸς
κόσμον ὑπολαμβάνοντες, ἐλάττονος αἰσχύνης ἄξια ποιεῖν 130
οἰόμεθα ;

Ἀλλὰ δῆτα πλούτου μὲν ὑπεροψόμεθα, καὶ τὰς διὰ τῶν
αἰσθήσεων ἡδονὰς ἀτιμάσομεν, κολακείας δὲ καὶ θωπείας
διωξόμεθα, καὶ τῆς Ἀρχιλόχου ἀλώπεκος τὸ κερδαλέον τε
καὶ ποικίλον ζηλώσομεν ; Ἀλλ᾽ οὐκ ἔστιν ὃ μᾶλλον 135
φευκτέον τῷ σωφρονοῦντι τοῦ πρὸς δόξαν ζῆν, καὶ τὰ τοῖς
πολλοῖς δοκοῦντα περισκοπεῖν, καὶ μὴ τὸν ὀρθὸν λόγον
ἡγεμόνα ποιεῖσθαι τοῦ βίου, ὥστε, κἂν πᾶσιν ἀνθρώποις
ἀντιλέγειν, κἂν ἀδοξεῖν καὶ κινδυνεύειν ὑπὲρ τοῦ καλοῦ
δέῃ, μηδὲν αἱρεῖσθαι τῶν ὀρθῶς ἐγνωσμένων παρακινεῖν. 140
Ἡ τὸν μὴ οὕτως ἔχοντα τί τοῦ Αἰγυπτίου σοφιστοῦ
φήσομεν ἀπολείπειν, ὃς φυτὸν ἐγίγνετο καὶ θηρίον, ὁπότε
βούλοιτο, καὶ πῦρ καὶ ὕδωρ καὶ πάντα χρήματα ; εἴπερ δὴ
καὶ αὐτὸς νῦν μὲν τὸ δίκαιον ἐπαινέσεται παρὰ τοῖς τοῦτο
τιμῶσι, νῦν δὲ τοὺς ἐναντίους ἀφήσει λόγους, ὅταν τὴν 145
ἀδικίαν εὐδοκιμοῦσαν αἴσθηται, ὅπερ δίκης ἐστὶ κολάκων.
Καὶ ὥσπερ φασὶ τὸν πολύποδα τὴν χρόαν πρὸς τὴν ὑποκει-
μένην γῆν, οὕτως αὐτὸς τὴν διάνοιαν πρὸς τὰς τῶν
συνόντων γνώμας μεταβαλεῖται.

110. *Cf.* Ps.-Platon, *Clitophon*, 407 b 2-3.
111. Allusion à Platon, *République*, V, 457 a. *Cf.* Philon
d'Alexandrie, *De sacrificiis*, 27.
112. *Cf.* Platon, *République*, II, 365 c.
113. Emprunt à Platon, *République*, II, 362 a.
114. *Cf.* Platon, *Gorgias*, 482 b.
115. Protée, *cf.* Platon, *Euthydème*, 288 b. Même expression chez
Grégoire de Nazianze, *Or.*, 4, 62 et 82.
116. Le renard et le poulpe sont des exemples traditionnels
d'animaux à *mêtis*, et comme son incarnation dans le monde animal.
Sur ce point, *cf.* Marcel DETIENNE et Jean-Pierre VERNANT, *Les Ruses
de l'intelligence*, Paris, 1974, p. 32-57. Pour le poulpe et sa capacité à

ne l'admirerait pas avant d'avoir éprouvé s'il savait en user[110]. **24.** Et peut-on croire que, tandis que Phidias et Polyclète, s'ils s'étaient enorgueillis de l'or et de l'ivoire dont ils avaient fait l'un le Zeus pour les Éléens, l'autre l'Héra pour les Argiens, auraient été ridicules à se parer d'une richesse étrangère, en méprisant l'art grâce auquel l'or même avait gagné en charme et en dignité, **25.** nous, si nous pensons que la vertu humaine ne suffit pas en elle-même à nous parer[111], notre conduite mérite moins de honte ? **26.** Ainsi donc, nous mépriserons la richesse, nous ne ferons aucun cas des plaisirs des sens, mais, d'un autre côté, nous poursuivrons la flatterie et l'adulation, et nous imiterons le caractère astucieux et rusé du renard d'Archiloque[112] ? **27.** Allons, il n'est rien que le sage doive fuir davantage que de vivre en fonction de l'opinion[113], d'examiner ce qui plaît au grand nombre, et de ne pas faire de la droite raison le guide de sa vie, de sorte que, même s'il faut contredire tous les hommes, être méprisé et se mettre en danger au nom de la vertu, il choisira de ne déroger en rien à la droiture de ses jugements[114]. **28.** Et celui qui n'est pas ainsi, en quoi dirons-nous qu'il est différent du sophiste égyptien, qui devenait, à sa guise, plante, bête, feu, eau et toutes choses[115], s'il fait tantôt l'éloge de la justice devant ceux qui la prisent, et tient tantôt le langage inverse, chaque fois qu'il sent que l'on tient l'injustice en estime, ce qui est la manière de faire des flatteurs ? **29.** Et de même qu'on dit que le poulpe change de couleur en fonction du sol sur lequel il se trouve, de même il changera sa pensée, en fonction des opinions de son milieu[116].

se fondre dans son environnement, *cf.* Théognis, 215-218 ; Plutarque, *Quaest. Nat.*, 916 C ; *De soll. anim.*, 27, 978 E-F. ; *De amic. mult.*, 9, 96 F-97 A.

Χ Ἀλλὰ ταῦτα μέν που κἂν τοῖς ἡμετέροις λόγοις
τελειότερον μαθησόμεθα· ὅσον δὲ σκιαγραφίαν τινὰ τῆς
ἀρετῆς, τό γε νῦν εἶναι, ἐκ τῶν ἔξωθεν παιδευμάτων
περιγραψώμεθα. Τοῖς γὰρ ἐπιμελῶς ἐξ ἑκάστου τὴν ὠφέλειαν ἀθροίζουσιν, ὥσπερ τοῖς μεγάλοις τῶν ποταμῶν, 5
πολλαὶ γίνεσθαι πολλαχόθεν αἱ προσθῆκαι πεφύκασι. Τὸ
γὰρ καὶ σμικρὸν ἐπὶ σμικρῷ κατατίθεσθαι, οὐ μᾶλλον εἰς
ἀργυρίου προσθήκην ἢ καὶ εἰς ἡντιναοῦν ἐπιστήμην, ὀρθῶς
ἔχειν ἡγεῖσθαι τῷ ποιητῇ προσῆκεν. Ὁ μὲν οὖν Βίας τῷ
υἱεῖ, πρὸς Αἰγυπτίους ἀπαίροντι, καὶ πυνθανομένῳ τί ἂν 10
ποιῶν αὐτῷ μάλιστα κεχαρισμένα πράττοι· «Ἐφόδιον, ἔφη,
πρὸς γῆρας κτησάμενος», τὴν ἀρετὴν δὴ τὸ ἐφόδιον λέγων,
μικροῖς ὅροις αὐτὴν περιγράφων, ὅς γε ἀνθρωπίνῳ βίῳ τὴν
ἀπ᾽ αὐτῆς ὠφέλειαν ὡρίζετο. Ἐγὼ δὲ κἂν τὸ Τιθωνοῦ τις
γῆρας, κἂν τὸ Ἀργανθωνίου λέγῃ, κἂν τὸ τοῦ μακροβιω- 15
τάτου παρ᾽ ἡμῖν Μαθουσάλα, ὃς χίλια ἔτη τριάκοντα
δεόντων βιῶναι λέγεται, κἂν σύμπαντα τὸν ἀφ᾽ οὗ
γεγόνασιν ἄνθρωποι χρόνον ἀναμετρῇ, ὡς ἐπὶ παίδων
διανοίας γελάσομαι, εἰς τὸν μακρὸν ἀποσκοπῶν καὶ
ἀγήρω αἰῶνα, οὗ πέρας οὐδὲν ἔστι τῇ ἐπινοίᾳ λαβεῖν, 20
οὗ μᾶλλόν γε ἢ τελευτὴν ὑποθέσθαι τῆς ἀθανάτου
ψυχῆς. Πρὸς ὅνπερ κτᾶσθαι παραινέσαιμ᾽ ἂν τὰ ἐφόδια,
πάντα λίθον, κατὰ τὴν παροιμίαν, κινοῦντας, ὅθεν ἂν
μέλλῃ τις ὑμῖν ἐπ᾽ αὐτὸν ὠφέλεια γενήσεσθαι. Μηδ᾽ ὅτι

---

117. Cf. Platon, *République*, II, 365 c pour l'image, mais le sens en
est ici différent. Même emploi dans Grég. Naz., *Or.*, 43, 12.
118. Hésiode, *Les Travaux et les Jours*, 359. L'interprétation
proposée rappelle l'usage qui en est fait par Plutarque, *De prof. in virt.*,
3, 76 C-D.
119. Bias de Priène est un des Sept Sages de la Grèce. Le mot
est conservé sous le nom de Bias dans les *Vies* de Diogène Laërce (I,
88), mais Basile est, à notre connaissance, le seul témoin de l'épisode
mentionné.
120. Gn 5, 27.

X, 1. Mais cela, sans doute, nous l'apprendrons d'une manière plus achevée aussi dans nos livres ; contentons-nous, du moins pour le moment, de tracer une esquisse de la vertu[117] à partir des enseignements du dehors. Nombreux sont les apports qui, comme aux grands fleuves, viennent naturellement de tous côtés à ceux qui amassent ce qu'ils trouvent d'utile dans chaque chose. **2.** Car, « empiler petit peu sur petit peu », il conviendrait de penser que pour le poète cela ne s'applique pas plus aux rentrées d'argent qu'à toute acquisition de savoir[118]. **3.** Ainsi donc, alors que son fils partait pour l'Égypte et qu'il lui demandait ce qu'il devait faire pour lui être le plus agréable, Bias lui répondit : « Acquérir un viatique pour la vieillesse »[119], et par « viatique », il voulait dire bien évidemment la vertu, même s'il la circonscrivait dans des limites étroites, parce qu'il bornait son utilité à la vie humaine. **4.** Quant à moi, qu'on me parle de la vieillesse de Tithonos, de la vieillesse d'Arganthonios, de la vieillesse de celui qui, chez nous, eut la vie la plus longue, Mathusalem, dont on dit qu'il a vécu neuf cent soixante-dix ans[120], qu'on mesure tout le temps depuis l'apparition des hommes, j'en rirai comme d'une pensée d'enfants, le regard tourné vers la durée longue et sans vieillesse, dont il n'est possible à l'esprit de saisir aucune limite, pas plus qu'il n'est possible d'imaginer une fin à l'âme immortelle[121]. **5.** C'est pour elle que je vous conseillerais de vous faire un viatique, en remuant chaque pierre, comme dit le proverbe[122], d'où doit vous

---

121. *Cf. Ælius* Aristide, *Or.*, 31, 17. Arganthonios et Tithonos sont maintenus comme exemples de longévité légendaire, Mathusalem remplace Nestor.

122. Invitation à la ténacité, équivalent de notre « remuer ciel et terre ».

χαλεπὰ ταῦτα καὶ πόνου δεόμενα, διὰ τοῦτ᾽ ἀποκνήσω- 25
μεν· ἀλλ᾽ ἀναμνησθέντας τοῦ παραινέσαντος, ὅτι δέοι
βίον μὲν ἄριστον αὐτὸν ἕκαστον προαιρεῖσθαι, ἡδὺν δὲ
προσδοκᾶν τῇ συνηθείᾳ γενήσεσθαι, ἐγχειρεῖν τοῖς βελτίσ-
τοις. Αἰσχρὸν γὰρ τὸν παρόντα καιρὸν προεμένους ὕστε-
ρόν ποτ᾽ ἀνακαλεῖσθαι τὸ παρελθόν, ὅτε οὐδὲν ἔσται πλέον 30
ἀνιωμένοις.

Ἐγὼ μὲν οὖν ἃ κράτιστα εἶναι κρίνω, τὰ μὲν νῦν εἴρηκα,
τὰ δὲ παρὰ πάντα τὸν βίον ὑμῖν συμβουλεύσω· ὑμεῖς
δέ, τριῶν ἀρρωστημάτων, μὴ τῷ ἀνιάτῳ προσεοικέναι
δόξητε, μηδὲ τὴν τῆς γνώμης νόσον παραπλησίαν τῇ τῶν 35
εἰς τὰ σώματα δυστυχησάντων δείξητε. Οἱ μὲν γὰρ τὰ
μικρὰ τῶν παθῶν κάμνοντες, αὐτοὶ παρὰ τοὺς ἰατροὺς
ἔρχονται· οἱ δὲ ὑπὸ μειζόνων καταληφθέντες ἀρρωστημάτων, ἐφ᾽ ἑαυτοὺς καλοῦσι τοὺς θεραπεύσοντας· οἱ δὲ
εἰς ἀνήκεστον παντελῶς μελαγχολίας παρενεχθέντες,
οὐδὲ προσιόντας προσίενται. Ὃ μὴ πάθητε νῦν ὑμεῖς 40
τοὺς ὀρθῶς ἔχοντας τῶν λογισμῶν ἀποφεύγοντες.

venir un secours pour y atteindre. **6.** Et ce n'est pas parce que c'est là chose difficile et qui demande de la peine que nous devons reculer ! Mais, ayant en mémoire celui qui a conseillé à chacun de choisir pour lui-même le meilleur genre de vie et d'attendre de l'habitude qu'elle le rende agréable[123], entreprenons les œuvres les meilleures ! **7.** Car il sera honteux, si nous avons négligé le moment présent, d'invoquer plus tard le passé, quand l'affliction n'y servira de rien. **8.** Pour moi, donc, ce que je juge être les meilleurs conseils, je vous en ai donné une partie aujourd'hui, le reste je vous le donnerai tout au long de la vie ; quant à vous, parmi trois sortes de maladies, ne décidez pas de ressembler à l'incurable, et ne montrez pas dans votre esprit de maladie comparable aux affections physiques. **9.** En effet, ceux qui souffrent d'affections légères vont d'eux-mêmes chez les médecins. Ceux qui sont atteints de maladies plus graves font venir chez eux des soignants. Mais ceux qui en sont arrivés à un degré totalement incurable de bile noire ne laissent même pas entrer les médecins quand ils se présentent[124]. Que cela ne vous arrive pas, maintenant, en cherchant à vous soustraire aux raisonnements droits !

---

123. L'expression est proverbiale. Plutarque, *De exilio*, 8, 602 B-C, attribue le mot aux Pythagoriciens.
124. Pour tout le segment, *cf.* Plutarque, *De prof. in virt.*, 11, 81 F.

BIBLIOGRAPHIE SÉLECTIVE

Éditions

Édition de base

Fernand BOULENGER, *Saint Basile. Aux jeunes gens sur la manière de tirer profit des lettres helléniques*, Paris, 1935 (2002 pour la dernière réédition).

On devra consulter deux éditions enrichies par l'apport de nouveaux manuscrits et dotées de commentaires importants :

Nigel Guy WILSON, *Saint Basil on the Value of Greek Literature*, Londres, 1975.
Mario NALDINI, *Basilio di Cesarea. Discorso ai Giovani con la versione latina di Leonardo Bruni*, Florence, 1984.

Pour une vue d'ensemble de la tradition manuscrite, on se reportera à :

Paul J. FEDWICK, *Bibliotheca Basiliana Universalis*, II/1 et II/2. *The Homiliae Morales, Hexaemeron, De Litteris, with Additional Coverage of the Letters*, Turnhout, 1996.

Ouvrages généraux sur Basile de Césarée

Paul J. Fedwick, *Bibliotheca Basiliana Universalis*, V. *Studies on Basil of Caesarea and his World, an Annotated Bio-Bibliography*, Turnhout, 2004.

Claudio Moreschini, *Introduzione a Basilio il Grande*, Brescia, 2005.

Philip Rousseau, *Basil of Caesarea*, Berkeley-Los Angeles-Oxford, 1994.

Sélection d'études et de commentaires

Monique Alexandre, « La culture grecque, servante de la foi : de Philon d'Alexandrie aux Pères grecs », *Les Chrétiens et l'hellénisme*, A. Perrot (éd.), Paris, 2012 (à paraître).

David Amand, *L'Ascèse monastique de saint Basile. Essai historique*, Maredsous, 1948.

E. Amand de Mendieta, « The Official Attitude of Basil of Caesarea as a Christian Bishop towards Greek Philosophy and Science », *The Orthodox Churches and the West*, Derek Baker (éd.),Oxford, 1976, p. 25-49.

Gustave Bardy, « L'Église et l'enseignement au IVe siècle », *Revue des sciences religieuses* 14, 1934, p. 525-549 et *Revue des sciences religieuses* 15, 1935, p. 1-27.

Michel Casevitz, « Basile, le grec et les Grecs. Réflexions linguistiques », *Vigiliae Christianae* 35, 1981, p. 315-320.

Jacques Cazeaux, *Les Échos de la sophistique autour de Libanios ou le style « simple » dans un traité de Basile de Césarée*, Paris, 1980.

Gennaro D'Ippolito, « Basilio di Cesarea e la poesia

greca », *Basilio di Cesarea : La sua età, la sua opera e il basilianesimo in Sicilia*, Messine, 1983, p. 309-379.

Gilles DORIVAL, « La mutation chrétienne des idées et des valeurs païennes », *Les Pères de l'Église au XXe siècle. Histoire-Littérature-Théologie. « L'aventure des Sources chrétiennes »*, Paris, 1997, p. 275-294.

Ernest L. FORTIN, « Christianity and Hellenism in Basil the Great's *Address Ad Adulescentes* », *The Birth of Philosophic Christianity : Studies in Early Christian and Medieval Thought*, J. Brian Benestad (éd.), Lanham, 1996, p. 137-151.

Stanislas GIET, *Les Idées et l'action sociales de saint Basile*, Paris, 1941.

Jean GRIBOMONT, « Notes biographiques sur s. Basile le Grand », *Basil of Caesarea, Christian, Humanist, Ascetic : a Sixteen-Hundredth Anniversary Symposium*, P. J. Fedwick (éd.), vol. 1, Toronto, 1981, p. 21-48.

Anna Maria GROSSO, « Il II capitolo del *ΠΡΟΣ ΤΟΥΣ ΝΕΟΥΣ* di Basilio Magno e l'assunto generale del trattato : contraddizione stridente ? », *Quaderni del Dipartimento di filologia, linguistica e tradizione classica «Augusto Rostagni »* 13, 1999, p. 417-432.

Marguerite HARL, « Culture grecque et christianisme en Orient dans la deuxième moitié du IVe siècle », *Le Déchiffrement du sens. Études sur l'herméneutique chrétienne d'Origène à Grégoire de Nysse*, Paris, 1993, p. 417-431.

Salvatore IMPELLIZZERI, « Basilio e l'Ellenismo », *Basilio di Cesarea : La sua età, la sua opera e il basilianesimo in Sicilia*, t. 2, Messine, 1983, p. 959-977.

Leo V. JACKS, *St Basil and Greek Literature*, Washington, 1922.

Werner JAEGER, *Early Christianity and Greek Paideia*, Harvard, 1961.

Erich LAMBERZ, « Zum Verständnis von Basileios' Schrift, *Ad Adolescentes* », *Zeitschrift für Kirchengeschichte*, 90 (1), 1979, p. 75-95.

Paul LEMERLE, *Le Premier Humanisme byzantin*, Paris, 1971.

Leonardo LUGARESI, « Studenti cristiani et scuola pagana », *Cristianesimo nella Storia* 25 (3), 2004, p. 779-832.

Henri-Irénée MARROU, *Histoire de l'éducation dans l'Antiquité*, Paris, 1965.

Giorgio MAZZANTI, « Passioni e libertà umana in S. Basilio Magno », *Mémorial dom Jean Gribomont*, Rome, 1988, p. 420-432.

Ann MOFFATT, « The Occasion of St. Basil's *Address to Young Men* », *Antichton* 6, 1972, p. 74-86.

Mario NALDINI, « Paideia origeniana nella *Oratio Ad Adolescentes* di Basilio Magno », *Vetera Christianorum* 13, 1976, p. 297-318.

ID., « Sulla *Oratio ad adolescentes* di Basilio Magno », *Prometheus* 4, 1978, p. 36-44.

ID., « La posizione culturale di Basilio Magno », *Basilio di Cesarea, la sua età, la sua opera e il basilianesimo in Sicilia*, t. I., Messine, 1983, p. 199-216.

Agostino PASTORINO, « Il *Discorso ai Giovani* di Basilio e il *De audiendis poetis* di Plutarco », *Basilio di Cesarea, la sua età e il basilianesimo in Sicilia*, t. I., Messine, 1983, p. 217-257.

John M. RIST, « Basil's "Neoplatonism". Its Background and Nature », *Basil of Caesarea, Christian, Humanist, Ascetic : a Sixteen-Hundredth Anniversary Symposium*, P. J. Fedwick (éd.), vol. 1, Toronto, 1981, p. 137-220.

D. B. Saddington, « The Function of Education According to Christian Writers of the Latter Part of the Fourth Century AD », *Acta classica* 8, 1965, p. 86-101.

Suzanne Saïd, « Permanence et transformation des " classiques ". Conversions de la poésie de Plutarque à Basile le Grand », *Que reste-t-il de l'éducation classique ? Relire « le Marrou » Histoire de l'éducation dans l'Antiquité*, J.-M. Pailler et P. Payen (éd.), Toulouse, 2004, p. 227-240.

Jacques Schamp, « Sophistes à l'ambon. Esquisses pour la Troisième Sophistique comme paysage littéraire », *Approches de la Troisième Sophistique. Hommages à Jacques Schamp*, Eugenio Amato (éd.), Latomus 296, Bruxelles, 2006, p. 286-338.

Luzi Schucan, *Das Nachleben von Basilius Magnus Ad Adolescentes. Ein Beitrag zur Geschichte des christlichen Humanismus*, Genève, 1973.

Ihor Ševčenko, « A Shadow Outline of Virtue : The Classical Heritage of Greek Christian Literature (Second to Seventh Century), *Age of Spirituality : A Symposium*, Kurt Weitzmann (éd.), New York, 1980, p. 53-73.

Guy Soury, « Le traité de saint Basile sur les Lettres helléniques. Influence de Plutarque (résumé) », *Association Guillaume Budé. Actes du Congrès de Grenoble (1948)*, Paris, 1949, p. 152-154.

Valerio Urgenti, « Basilio e Solone », *Basilio di Cesarea, la sua età, la sua opera e il basilianesimo in Sicilia*, t. I., Messine, 1983, p. 259-266.

TABLE DES MATIÈRES

Ce volume,
le cent cinquième
de la collection « Classiques en poche »,
publié aux Éditions Les Belles Lettres,
a été achevé d'imprimer
en janvier 2012
sur les presses
de l'imprimerie SEPEC
01960 Peronnas

Impression & brochage **sepec** - France

Numéro d'impression : 05425120103 - Dépôt légal : février 2012

Numéro d'éditeur : 7360

◣ *IMPRIM'VERT*°